最具指导意义和实用价值的营销学精华读本

科特勒的
营销秘诀

邢群麟 编著

THE MARKETING
KEYS OF KOTLER

光明日报出版社

图书在版编目（ＣＩＰ）数据

科特勒的营销秘诀 / 邢群麟编著 . —— 北京：光明日报出版社，2011.6（2025.1 重印）
ISBN 978-7-5112-1104-0

Ⅰ.①科⋯ Ⅱ.①邢⋯ Ⅲ.①市场营销学—通俗读物 Ⅳ.① F713.50-49

中国国家版本馆 CIP 数据核字 (2011) 第 066104 号

科特勒的营销秘诀

KETELE DE YINGXIAO MIJUE

编　　著：邢群麟

责任编辑：温　梦　杜　星　　　　　　　　责任校对：张荣华
封面设计：玥婷设计　　　　　　　　　　　封面印制：曹　净

出版发行：光明日报出版社

地　　址：北京市西城区永安路 106 号，100050

电　　话：010-63169890（咨询），010-63131930（邮购）

传　　真：010-63131930

网　　址：http://book.gmw.cn

E － mail：gmrbcbs@gmw.cn

法律顾问：北京市兰台律师事务所龚柳方律师

印　　刷：三河市嵩川印刷有限公司

装　　订：三河市嵩川印刷有限公司

本书如有破损、缺页、装订错误，请与本社联系调换，电话：010-63131930

开　　本：170mm × 240mm

字　　数：215 千字　　　　　　　　　　　印　　张：15

版　　次：2011 年 6 月第 1 版　　　　　　印　　次：2025 年 1 月第 4 次印刷

书　　号：ISBN 978-7-5112-1104-0

定　　价：49.80 元

前　言

　　菲利普·科特勒博士生于 1931 年，是现代营销集大成者，被誉为"现代营销学之父"。他见证了美国 40 年经济的起伏坎坷、衰落跌宕和繁荣兴旺的历史，从而成就了完整的营销理论，培养了一代又一代美国大型公司的企业家。从 1975 年至 1995 年的 20 年间，他多次获得美国国家级勋章和褒奖，包括"保尔.D.康弗斯奖"、"斯图尔特·亨特森·布赖特奖"、"杰出的营销学教育工作者奖"、"营销卓越贡献奖"、"查尔斯·库利奇奖"。他是美国营销协会（AMA）第一届"营销教育者奖"的获得者，也是至今唯一 3 次获得过《营销杂志》年度最佳论文奖——阿尔法·卡帕·普西奖的得主。

　　多年来，科特勒博士一直致力于营销战略与规划、营销组织、国际市场营销及社会营销的研究。他的最新研究领域包括：高科技市场营销，城市、地区及国家的竞争优势研究等。他创造的一些概念，如"反向营销"和"社会营销"等，被人们广泛应用和实践。他著作颇丰，其中有许多被翻译成 20 多种语言，被 58 个国家的营销人士视为营销宝典。

　　尽管科特勒的营销思想取得了如此骄人的成绩，但市场是不断变化的，能够深刻考验人类思维与行为。作为企业的营销者，如果脱离目前的市场环境，而仅仅学习科特勒营销理论是不够的，我们应该在深入理解和把握这些营销规律和技巧的基础上，针对其实用性进行科学的分析，探索其在营销实践中的具体运用策略，从而使营销工作获得成功。为了达到这一目的，我们特别编写了这本《科特勒的营销秘诀》。

　　本书总结了科特勒几十年的营销经验，并对他的营销精髓进行了简明扼要的介绍。本书本着实用、全面的原则，通过科特勒营销理念的引导，从如何进行市场调研、制定营销策略、进入国际市场、紧跟时代潮流等方面，结合具体的营销经典案例，教给大家全面、具体的营销实战操作方法和技巧，就如同科特勒亲身传授你营销知识一样亲切、自然，能让你迅速领悟它的精髓。

我们编写本书的目的，并不是要每个人都成为像科特勒那样的营销大师，而在于融会贯通科特勒的策略、方法和思维，用它来指导我们的营销实践。

营销并没有我们想象中的那么难，只要你抽出一点时间，细细阅读本书，领悟科特勒的营销智慧和营销实践策略，肯定会比你仅仅出门"闯荡"收获更多。

让我们一起向真正的营销大师学习吧！

祝愿所有的营销者都能获得成功！

目 录

第一章 营销立于谋，成于策
——营销探查和计划

第一节 做好调研和环境分析，使计划更有针对性

科特勒指出，真正的市场营销人员工作的第一个步骤总是进行市场营销调研。而环境则是营销的基本研究课题，因为数不清的市场机会来自于不断改变的总体环境，企业若想在市场上取得竞争的优势地位，就必须要通过调研找出市场发展的趋势。

第二节 注重信息研究和需求衡量，为企业的准确决策奠定基础

科特勒有句名言："今日的营销已日渐成为一场拼信息的战争，相对而言，其他资源对这场战争的重要性已大大下降。"他指出，竞争

者可以很容易地抄袭彼此的设备、产品、过程，却无法复制企业的信息。从这个角度讲，企业获得的信息内容已经成为企业主要的竞争优势。

第三节 营销的计划与执行

科特勒一个很重要的观点是：有一个与众不同的营销企划就等于成功了一半。企业经过一系列的市场调研和信息需求分析之后，接下来要做的就是制订一个详细可行的营销计划，并且保证计划的有效执行。

第二章 营销的中心可定义为战略市场营销
——细分市场策略

第一节 市场细分——找对你的顾客

市场并非同质，消费者的需求也趋于个性化。无论企业的实力多么雄厚，它都无法为所有的顾客提供服务，现代的市场要求企业放弃大规模营销和产品的多样化营销，而采用一种市场细分的策略为企业寻找更多的机会。

第二节 选择市场覆盖战略

评估完细分市场后，企业就要决定选择哪些细分市场，这就是目标市场的选择问题。科特勒在《市场营销原理》一书中把目标市场定义为企业决定进入的、具有共同需要或特征的购买者集合。科特勒认为，企业可以在无差异营销、差异营销和集中性营销三种市场覆盖战略中任选一种。

第三节 市场定位方法

企业应该根据自身的优势找准自己在市场的位置，根据目标市场的消费者的需求定义企业的产品，设计出能够给产品带来最大竞争优势的定位，并根据这个定位设计市场营销组合。

第四节 选择合适的市场定位

在现在这个技术高度发达、高度专一的经济时代，科特勒认为企业要当全能冠军几乎是不可能的，因此他建议企业应该朝着某一两个方面发展自己的优势。但科特勒同时提醒企业，并不是所有的品牌优势都是有价值的，因此企业在选择定位时要避免几种错误倾向。

第三章 企业不仅仅是出售产品本身
——产品策略

第一节 产品整体观念

科特勒指出，产品不仅仅是指产品本身，消费者更倾向于把它看作是满足他们需要的复杂利益的结合。营销人员应该通过适当的产品系列和产品组合策略把这种利益传递给消费者，而在产品充斥的零售商货架上，若要吸引消费者购买产品，包装则是第一要素。

第二节 品牌浓缩了一切

　　品牌之所以在消费者的心目中占有着重要的地位，科特勒有他自己的看法，他认为品牌暗含着产品与顾客之间的关系，暗示着顾客所期望的一组特质与服务。品牌最大的好处在于使消费者在成千上万种产品中购买自己的产品。而品牌的成功又取决于营销人员如何将它根植于消费者的头脑中。

第三节 生命周期：产品是一个有限的生命

　　每一种产品都会经历一次生命周期：导入期、增长期、成熟期和衰退期。科特勒建议，企业应该运用产品生命周期概念设计出不同生命周期阶段的好的营销战略。

第四节 新产品的设计与营销

　　由于生命周期的存在，任何产品都避免不了被市场淘汰的命运。企业为了生存，唯一的办法就是持续地开发新产品。但新产品的开发是一项风险性很大的工作，在很多企业中流行着这样一句话："不搞开发等死，搞了开发找死。"对于这种观点，科特勒有不同的看法，他认为只要找到系统的开发程序，新产品开发就会取得成功。

第五节 产品竞争的实质是服务竞争

　　不高的产品质量会对企业造成伤害，虽然人们在购买产品时，无法从外表来判断产品的质量，但可以在与销售人员的接触中见证企业的服务。科特勒提醒企业，应该把扶持产品的服务当作是取得竞争优势的主要手段。事实证明，消费者更喜欢向服务较好的企业购买产品。

第四章 价格不仅仅是一个数字或一种术语
——价格策略

第一节 定价要考虑的因素

在各种营销工具中，价格是唯一能产生收入的因素。企业需要系统理解价格，以便更好地设置、调整和改进价格。由于价格的制定受产品、市场、需求等多种因素的影响，科特勒建议企业在定价之前先对营销的总战略做出决策，尔后制定出相应的价格，以获取利润。

第二节 选择适当的定价方法

科特勒认为，成本为价格规定了下限，消费者对产品价值的看法为价格规定了上限，公司必须在考虑竞争价格和内外部因素的基础上，在上述两个极端中间找到最好的价格。一般来说，企业的定价方法大约有三种：以成本为基础的定价、以价值为基础的定价和以竞争为基础的定价。

第三节 以变为上，适时调整价格

　　科特勒提醒企业，产品的价格不能从制定起就一成不变地实行下去。由于受到产品生命周期、消费者喜好和市场需求的变化，企业应该根据实际需要对价格做出相应的调整。对于如何调整产品价格，科特勒给出了几种方法：折扣定价、差别定价、心理定价、促销定价和地理定价。

第四节 各方对价格变动的反应

　　由于客观环境变化，企业必须要适时提升或降低产品的价格。科特勒指出，任何价格变化都将受到顾客、竞争者、分销商、供应厂商，甚至是政府的注意。因此企业在意图调整价格时，必须充分研究、分析各方面对此可能产生的反应。另外，面对竞争对手的调价，企业也应该制定合理的价格策略，以免失去市场份额。

第五章　渠道是传递产品价值的重要途径
——渠道策略

第一节　渠道方案的选择与管理

科特勒认为，在现代经济社会中，中间商绝对不是可有可无的，它的存在将意味着营销方式的多样化和深层次。他认为渠道的主要作用在于消除了产品服务与消费者之间在时间、地点和所有权上的差距，渠道成员在其中承担了许多关键的职能，为了渠道成员能起到真正的营销作用，企业应该慎重选择渠道并对其进行监督和评价。

第二节　渠道冲突与管理

科特勒指出不管渠道设计如何合理，渠道冲突总会发生，虽然渠道成员之间相互依赖；但是他们经常为了自己的短期最佳目标采取单独行动。渠道冲突的发生主要是由于各分销商之间对各自的职责和报酬不明确而引起的。科特勒建议在这种情况下，企业最好的办法是要更好地管理冲突，而不是设法消除这种冲突。

第六章 公司应让顾客了解产品的价值
——促销

第一节 顾客了解产品价值的通路——广告

现代的市场营销活动，不仅要求企业产出符合市场需要的产品，还要求企业要通过各种方式及时、充分地向消费者提供关于产品的信息，以引起消费者的购买行为，科特勒认为，广告在通告和劝说手段上不失为一种良策。广告是企业开拓市场的先导，是提高企业产品知名度的强有力的手段。科特勒建议企业应根据具体的成本效益最佳性选择媒体类型，并制定出合理的广告策略。

第二节 营业推广

营业推广又称为销售促进，关于销售促进的意义科特勒用一句话做了总结："广告和人员推销为购买产品和服务提供理由，而销售促进提出了立即购买的理由。"科特勒的看法是，对于一个拥有优异品牌的企业，当知名度不高时，要想引起消费者的注意，营业推广是一种良好的选择，借助刺激式的营业推广方式将可造就新的顾客，这种方式对一些刚进入市场经济的地区来说，有时会产生轰动的效应。

第三节 营销公关的主要决策

虽然在推广产品和服务时，似乎很少运用到公关，但它是一种相当有效的工具。用科特勒的话说，公关可以用远远低于广告的代价而对公众心理产生较强的影响。公共关系是指企业的一个机构运用有效的传播手段，使机构与消费者之间、与其他企业的机构部门之间建立起了解和信任的关系，并通过这种关系树立企业的良好形象，促进企业产品的销售。

第四节 销售人员是连接企业和顾客的纽带

人员销售是促销组合中一种人与人之间直接接触进行推销的方式，推销人员的任务就是充分运用各种推销策略，想方设法推销现有的产品，寻找顾客，取得订单和达成交易。好的销售人员能够帮助企业开拓市场，培养顾客忠诚，因此，科特勒提醒企业应该培训大量的销售人员并通过各种方式激励他们。

第五节 促销组合决策

促销组合又称为市场营销沟通组合，是指综合运用广告、营业推广、公共关系和人员销售等促销方法，以发挥其整体的促销作用。促销组合的应用受多种因素的影响。科特勒认为："如果企业能掌握某些顾客的购买驱动因素，就易于选择适当的促销工具组合，获得事半功倍的效果。"

第一章

营销立于谋，
成于策
——营销探查和计划

第一节

做好调研和环境分析，使计划更有针对性

科特勒指出，真正的市场营销人员工作的第一个步骤总是进行市场营销调研。而环境则是营销的基本研究课题，因为数不清的市场机会来自于不断改变的总体环境，企业若想在市场上取得竞争的优势地位，就必须要通过调研找出市场发展的趋势。

市场营销调研的基本步骤

市场营销调研，是指系统地设计、收集、分析并报告与企业有关的数据和研究结果。

孙武曾经说过一句话："不知山林、险阻、沼泽之形者，不能行军。"科特勒认为，市场营销职能的管理就像行军打仗一样，开始于对企业情况的全面分析。企业必须分析市场和市场营销环境，以找到有吸引力的机会和避开环境中的威胁因素。除分析现有和可能的营销活动之外，企

业还必须分析自己的强项和弱项，以便能选择最适合于企业的机会。市场营销分析向每一个营销管理职能部门反馈信息和其他情报，调研可以说是营销的起点。

日本企业在进入市场前，总会采取两项重要行动：市场的可行性研究和营销战略与策略研究。索尼公司和松下公司在进入美国市场时采取行动前的做法，就非常值得研究。在进入美国市场之前，索尼公司派遣了由设计人员和工程师等组成的专案小组到美国进行调查，研究如何设计迎合美国消费者偏好的产品。松下公司则从 1951 年起就在美国设有专人，在进入美国市场前从事市场信息搜集工作，然后，这些公司就会聘请一些美国专家、顾问或经理人员，帮助自己设计进入市场的策略。

从这里，我们应该明白，日本企业能在美国市场上占有那么大的市场份额，先期的营销调研起到了很大的作用。

按照科特勒的说法，有效的营销调研应按以下 4 个步骤进行。

1. 确定调研目标

营销调研的动因大多来自于某种问题或契机。譬如产品的销售量下降了。这样的问题或契机常常是引起营销调研的初始原因，但问题本身并不一定构成营销调研的主题，调研主题的确定还需要对问题进行分析和初步研究。企业必须明白，通过市场调查要解决什么问题，并把要解决的问题准确地传达给市场调查人员，这些目标一定要切实可行而且可以在短时间内完成，否则调查结果就会失去意义。

2. 制定调研方案

调研方案设计主要涉及以下内容：调研类型的确定，即决定需要什么类型的信息；资料收集手段的选择，即电话访问、邮寄问卷、个人访谈等；问卷的制定；样本的选择以及调研预算和时间的确定。

3. 实施调研计划

调研的执行基本上包括收集资料，资料的整理、分析、解释，最后书写调研报告并提交等几个步骤。这个过程可以由企业的调研人员进行，也可以由更专业的外部公司做，但不管由谁进行，企业都应密切关注现场工作以保证计划的有效执行。

4. 解释和汇报调研结果

科特勒认为，调查人员需要解释自己的发现，得出结论，然后编写成调查报告提供给有关部门，以便做市场营销计划时参考。一般调研的汇报主要包括以下几方面的内容：调查报告摘要，调查的目的与范围，调查结果分析与结论，建议以及必要的附件，如附属表格、公式等。同时，科特勒警告调查人员不应该用数值和复杂的统计方法难倒管理人员，而是应该将有用的调查结果摆出来。最后，科特勒提醒，由于调研人员和管理人员都可能会对调研结果做出错误的解释，因此，他们必须一起讨论调查结果，双方要对调查过程和相应的决策共同负责。

轻松小看板

在20世纪初，国外一些大企业纷纷成立市场调研机构，对市场从事系统的研究，市场调研的观念和理论也随之出现。1911年，美国当时最大的柯迪斯出版公司首先设立市场调研部门，任经理的帕林，先后对农具销售、纺织品销售渠道和百货公司进行了系统的调查，编写了《销售机会》一书，这是第一本有关市场调研的专著，被推崇为市场调研科学的先驱。

企业的宏观环境分析

了解了调研的步骤后，营销人员应该先对企业面临的环境做出调查。

科特勒认为，成功的公司之所以成功是因为它能认识到环境中的未被满足的需要，然后做出反应并且从中获利。要达到这个效果，企业首先要做的就是从整体上分析企业的宏观环境。

科特勒指出，不论是投资人还是企业，都必须注意宏观环境的五大要素的各自发展现状。因为市场机会的来源就是不断改变的宏观环境。

1．人口环境

人口环境指人口的成长、分布、年龄、结构、性别、职业、教育程度，等等。它们都直接关系到市场容量、需求结构和消费习惯。它主要包括 6 个方面：人口的增加、移民率、年龄结构、教育水准、性别角色以及不同职业的消费者。这几方面的不同对营销会有不同程度的影响。

（1）人口成长。全球人口在不断增加。人口的增加，加上购买力的配合，将会为企业带来市场机会。在任何一个经济社会中，人口的增加往往表示整个社会对衣、食、住、行、教育、娱乐各方面需求的增加。此时，如果购买力能够维持，则市场机会亦将随之增多。

（2）移民率。移民率对企业的营销活动也有很大的影响。有些热门地区的人口不断增长，譬如，由于汽车的普及和郊区设施的改善，城市中心区的居民有从市中心区移往郊区居住的趋势，这将使郊区的市场潜力不断增大。

（3）年龄结构。不同的年龄层对产品和服务的需求会有很大的不同，这也给企业的差异化营销带来了市场机会。

年龄结构变动，市场机会也将随之改变。例如，在许多经济社会中，如美国、日本、中国等，年龄结构已日趋老化，65 岁以上的老年人口愈来愈多，占总人口的比重愈来愈高，已成为所谓的"老龄化社会"。因此，凡与老人需要有关的产品和服务，都会寻找到市场机会。

（4）教育水准。人们的教育程度不同，对产品和服务的需要也会不同，对营销活动的反应也不一样。譬如，高等教育程度的消费者对高品质产品、书籍、杂志、文艺活动的需求通常会比低等教育程度者高，而看电视的时间则较少。

（5）性别角色。性别不同对某些产品和服务的需要也会有所差异，如女性消费者对化妆品、减肥及美容服务的需求通常远较男性消费者高，而男性对烟、酒、球类活动则比女性有更高的需求。

（6）职业。不同职业的消费者往往有不同的产品需求和购买行为。

2．社会与文化环境

每个消费者都是生存在一定的社会文化的环境中的，一定的社会文化环境是人类社会实践活动的产物，而反过来这种社会文化环境又会对人的思想、信仰、行为及人与人之间的关系产生影响。实际上，一个社会占主导地位的社会指导思想、信仰、世界观、人的行为模式、语言、风俗习惯以及人与人之间的相互关系的总和就是社会文化环境。

作为一个市场营销人员，应该深入了解和认识社会文化环境。如我国在改革开放以前，受当时政治环境及高度集中的计划管理体制的影响，人们对产品的需求只能是追求简单、朴素、耐用、经济，人们的这种价值准则、这种兴趣爱好就直接影响了企业的生产，使我国的许多产品在一个很长的时期内品种花样都变化不多，这既影响了企业的技术进步，也影响了整个社会的发展。更深入地了解社会与文化环境，是企业寻找市场机会的关键一步。

3．经济环境

经济发展的速度和水平，决定了国民收入水平，也决定了市场的规模和需求档次，间接关系到企业市场机会的大小。

经济因素很多，对企业营销影响较大的有经济发展阶段、地区与行业的经济发展状况、购买力水平等。

（1）经济发展阶段。有些市场比其他市场更为先进或增长更快。各个国家往往处于不同的经济发展阶段。这意味着它们的需求和营销体制会有所不同。

（2）购买力水平。购买力是构成市场和影响市场规模大小的重要因素，而购买力是受宏观经济环境制约的，是经济环境的反映。影响购买力的主要因素有居民的实际收入、币值、消费者的储蓄和信用、消费者的支出模式等。

收入水平决定了购买力的大小，购买力又决定了市场规模的大小，从而关系到市场机会的大小。

4.技术环境

技术环境变化对企业的生产和销售活动有直接而重大的影响，尤其是在面临原料、能源严重短缺的今天，技术往往成为决定人类命运和社会进步的关键所在。

5.政治环境

政治环境主要指一个国家或地区的政治制度、方针政策等对市场营销所产生的影响。企业营销人员不仅要研究自己国家关于经济活动的法规、条例，还要研究国际贸易的法规和条例；不仅要研究各项与国际、本国内市场营销活动有关的法律、规定，还要研究有关竞争及环保方面的法律、条例和规定以及有关监督、管理服务于企业市场营销活动的政府部门的职能和任务。

6.自然环境

自然环境分析是指企业对某一地区、国家乃至世界的自然资源的种类、数量、可用性、能源成本、自然环境污染、政治组织对自然资源的干预的现状及其变动趋势的分析，以及对这一现状及其变动趋势将对企业及企业所在的市场或行业产生何种影响的分析。

总之，宏观环境中的方方面面都会对企业有不同程度的影响，企业应密切注意它们的发展变化。

企业的微观环境分析

除了分析宏观环境外，企业还应该认真分析微观环境，因为企业所采取的各种策略和措施的最终目的都是在赢利的前提下为顾客服务，满足市场的需求。要实现这个任务，企业必须把自己与供应商和市场营销中介联系起来，以接近顾客。供应商——企业——市场营销中介——顾客，形成企业的基本市场营销系统。此外，企业市场营销的成败还受另外两个因素的影响：一是竞争者，二是公众。因此，科特勒指出，企业需要市场中与其形成互动关系的关键角色的持续信息。

1. 企业

良好的内部环境是企业营销工作得以顺利开展的前提条件。内部环境由企业最高管理层和企业内部各种组织构成。营销部门工作的成败与企业领导及其他部门支持与否有很大关系。

首先，营销管理人员在营销计划的制订和实施过程中必须遵从董事会和总经理的意见。董事会和总经理是公司的最高领导，负责制定整个公司的任务、目标经营战略和经营方针。营销部门经理只能在董事会和总经理限定的范围内进行决策，根据公司要求所制许可证的营销工作计划，只有经公司主要领导批准后方能实施。其次，营销管理人员需同其他职能部门的管理人员协同工作。如，在落实营销计划的过程中，必然会涉及资金的需求和运用，涉及资金在不同产品和不同营销活动中的分配和投资报酬率，涉及销售预测和营销计划的风险性等，这些问题都与财务部门及其业务有关。

2. 供应商

供应商是指为企业提供生产经营所需资源的公司或个人。供应商的情况对企业的市场营销活动产生实质性的影响。供应商提供的原材料价格的变动，会影响企业的生产成本、利润和产品价格，影响企业的市场竞争能力；供应商提供的原材料数量和交货时间影响到企业的生产能否正常进行，提供的原材料质量影响到企业产品的质量，而这些又会影响企业产品的销售并进而影响企业在客户中的声誉。

因此，企业一方面要注意和供应商搞好关系，不但在资源短缺时要这样，在资源宽裕时也应如此；另一方面，要对供应商的履约情况进行评价，并据此对供应渠道进行必要的调整。

3. 营销中介

营销中介是指协助企业促销、分销其产品给最终购买者的公司，包括中间商（拥有商品所有权的商人中间商和不拥有商品所有权的代理中间商）、实体分配公司（运输企业、仓储企业）、营销服务机构（广告公司、营销调研企业、营销咨询企业等）和财务中间机构（银行、信托公司、保险公司等）。企业要达到实现潜在交换、满足顾客需要的目标，离不开这些营销中介的共同配合。在现代化大生产的条件下，生产和消费之间存在的空间分离、时间分离和信息分离等矛盾，只有在各类营销中介的协助下才能得到有效的解决。企业的市场营销活动如果得不到有关营销中介的配合，就有陷入困境的可能。

对于企业应当保持和发展与供应商及中间商的互利关系问题。科特勒说："如果一个公司不适当地从它的供应商处挤取利润，如果它过多地把产品塞给分销商，如果它使合作者输在供应环节上而获得胜利，那么，这个公司就会失败。精明的公司将通过与供应商和分销商合作，以更好地为最终顾客服务。"

4. 顾客

微观环境中的第四个因素就是顾客。企业与顾客的关系实际上是一种生产与消费的关系。企业的一切市场营销活动都是为了满足顾客的需要。因此，顾客的需要是企业生产经营活动的出发点。

5. 竞争者

竞争者是指与企业生产相同或类似产品的企业和个人。企业的竞争者主要包括4种：愿望竞争者、平行竞争者、产品形式竞争者和品牌竞争者。愿望竞争者的竞争对手提供不同的产品以满足不同的消费者需要，平行竞争者生产的是同一种商品，他们针对相同的消费者需要。产品形式竞争者是指生产同种产品，但提供不同规格、型号、款式的竞争者。品牌竞争者则是其他因素都相同，唯独品牌不同的竞争者。

6. 公众

由于企业的活动会影响其他群体的兴趣，这些其他群体就构成了该企业的主要公众。公众的定义如下：公众就是对一个组织实现目标的能力有着实际、潜在兴趣或影响的群体。

公众可能有助于增强一个企业实现自己目标的能力，也可能妨碍这种能力。鉴于公众会对企业的命运产生巨大的影响，精明的企业就会采取具体的措施，去成功地处理与主要公众的关系，而不是等待和不采取行动。

通过对企业的微观环境的分析，营销人员应该明白，若想取得市场营销的成功，就必须保持与处理好各方面关系，并保证各方的利益不受损害。

轻松小看板

一般说来，企业营销环境的特点主要有以下几个方面：

1. 客观性

环境是客观存在的，它不以营销者的意志为转移，它对企业营销的影响具有强制性和不可控制性的特点。

2. 差异性

不同的国家、不同的市场、不同的企业所面临的宏观或微观环境存在着广泛的差异。

3. 多变性

环境不是一成不变的，它同样受到多种因素的影响，每一个环境都会随社会经济的变化而变化。

4. 相关性

构成营销环境的各因素间，既相互影响又相互制约，其中一个因素的变化就会引起其他因素的变化，形成新的环境。

企业环境的 SWOT 分析

认识了企业总体面临的宏观和微观环境后，企业接下来要做的是在这些环境中分析自身的优势与劣势，以及面临的机遇与威胁。科特勒认为，识别环境中有吸引力的机会是一回事，拥有在机会中取得成功所必需的竞争能力是另一回事。

"优势"——Strengths、"弱势"——Weaknesses、"机会"——Opportunities、"威胁"——Threats 这 4 个方面组成了 SWOT。通过

ＳＷＯＴ分析，可以结合环境对企业的内部能力和素质进行评价，弄清企业相对于其他竞争者所处的相对优势和劣势，帮助企业制定竞争战略。

1. 企业优势与劣势（企业的内部环境）

优势是指企业相对竞争对手而言所具有的优势资源、技术、产品以及其他特殊实力。核心竞争力是企业的优势，另外，充足的资金来源、良好的经营技巧、良好的企业形象、完善的服务系统、先进的工艺设备、低廉的成本、市场领域地位、与买方或供应方长期稳定的关系、良好的雇员关系等等，都可以形成企业优势。

劣势是指影响企业经营效率和效果的不利因素和特征，它们使企业在竞争中处于弱势地位。一个企业潜在的弱点主要表现在以下方面：缺乏明确的战略导向、设备陈旧、赢利较少甚至亏损、缺乏管理和知识、缺少某些关键技能或能力、内部管理混乱、研究与开发工作落后、公司形象较差、销售渠道不畅、营销技巧较差、产品质量不高、成本过高等。

科特勒提醒企业不能纠正所有的劣势，也不必利用所有的优势，但必须确定，是否要发展某些优势，以便找到更好的市场机会。

2. 环境机会与威胁（企业的外部环境）

科特勒认为，营销是一门发掘、发展机会并能从中获利的艺术。科特勒把机会定义为："公司能在获利的前提下满足顾客需求与兴趣的领域。"环境的变化、竞争格局的变化、政府控制的变化、技术的变化、企业与客户或供应商的关系的改善等因素，都可视为机会。企业所处的环境随时都在变化，这些变化对不同的企业来说，可能是机遇，也可能是威胁。比如政府对环境的保护以及居民对健康的重视，为香烟替代产品的生产企业提供了机会，但对香烟生产企业来说却是威胁。

机会可以说无处不在。例如战争为生产武器的商家提供了机会，政府的对外开放政策为外国资金的流入提供了机会，居民收入水平的提高为高档消费品的生产商提供了机会等。环境提供的机会能否被企业利用，取决于企业自身是否具备利用机会的能力，即企业的竞争优势是否与机会一致。

科特勒认为，市场机会主要有 3 个来源：

（1）某种产品供应短缺。

（2）使用新的方法向顾客提供现有的服务。

（3）向顾客提供新的产品或服务。

营销人员对企业所面临的市场机会，必须慎重地评价其质量。美国著名市场营销学家西奥多·莱维特曾警告企业家们，要小心地评价市场机会。他说："这里可能是一种需要，但是没有市场；或者这里可能是一个市场，但是没有顾客；或者这里可能有顾客，但目前实在不是一个市场。"

威胁是环境中存在的重大不利因素，构成对企业经营发展的约束和障碍。比如，新竞争对手的加入、市场发展速度放缓、产业中买方或供应方的竞争地位加强、关键技术改变、政府法规变化等因素都可以成为对企业未来成功的威胁。与机会无时不在一样，环境中永远存在着对企业生存发展具有威胁作用的因素，只是他们对不同企业的作用不同而已。

对一个企业是机会的因素，可能会对另一个企业造成威胁。例如，政府放松对航空业的控制，是地方和私人航空公司发展的有利机会，但对国有航空公司来说就是一种威胁。同样，某个要素既可以是某个企业的潜在机会，也可能对其形成威胁。例如，网络技术发展使一批新兴企业迅速发展壮大，但如果跟不上技术的更新，也会很快落伍。

认清企业所具有的优势与劣势以及面临的机会和威胁是十分重要的，因为这不仅涉及企业地位的变化，而且关系到竞争战略的制定。企业在设计竞争战略时，要充分利用一切的机会，同时清醒地认识自身优势和劣势，采取正确的营销措施。

营销经典：宝洁的营销调研

创建于 1937 年的美国宝洁公司是世界上最大的日用消费品公司，它所经营的 300 多个品牌的产品畅销 140 多个国家和地区，产品包括洗发、护发、化妆品、婴儿护理品、妇女卫生用品等。

宝洁的成功就在于其能够通过广泛的市场调查、科学的市场细分方法，全力推出一种或几种定位的产品，来满足不同消费群体的不同需求。让产品去满足顾客，而不是让顾客去适应产品。

在创业之初，宝洁公司的两位创始人看到当时美国生产的肥皂又黑又粗糙，与其本身的功能极不相称。为了适应妇女和儿童的需求，他们要求自己的产品，一是颜色要美，二是形状要美。于是，一种纯白、圆角的肥皂问世了。美国人信基督，他们就利用《圣经》中的话："来自象牙宫的人，你所有的衣服都沾满了沁人心脾的香气"，给自己的肥皂取名"象牙"牌。为了打开"象牙"肥皂的销路，宝洁公司请来了美国当时著名的化学家和教授，对其产品进行分析、鉴定，做出权威性的报告，并把关键数字打入广告中，让消费者心服口服。很快"象牙"牌肥皂享誉全美以至全世界。当宝洁把在美国畅销的洗衣精投向欧洲市场时，很快受阻，经调查发现，原因就在于欧洲的洗衣机只适用固态的洗衣粉，液态的洗衣精加入后，有一部分很快从底部流出。不久，宝洁就设计出了一种名为"威液球"的产品，当洗衣机的水加满时，才释放出洗衣精，并可重复使用。这种"威液球"很快成为畅销欧洲的产品。对中国市场的占领也是一样，宝洁针对东方人对头发格外注意的习俗，就把洗发用品作为打开中国市场的先头部队，与香港、广州的三家企业合资成立了广州宝洁公司，生产多种品牌的洗发精。宝洁生产的香皂、牙膏、食品等都因销售地区的不同，而在香味、成分、包装方面有所差异。

配合产品策略，宝洁自 20 世纪 50 年代起相继在欧洲、东南亚、拉丁美洲等地建立了外销事业部和科技中心。为了使产品更贴近顾客，宝洁非常注意日常对客户的访问和调查，此外还首创了"一日回忆法"和查询电话制度。一日回忆法，即调查顾客对一天之内所接触到和正在使用的生活用品的感受，有何不便之处，有无新的要求。查询电话制度则要求每天有 50 位员工从早到晚通过电话来回答顾客的询问，以便从中受到启发，使自己的产品不断得到改进和完善，并及时设计出适合顾客需要的新产品。低热量、不含胆固醇的名牌保健食品欧力宝就是受顾客的启发开发出来的。

如今，进入 21 世纪，宝洁仍将深入细致的市场调研，作为其营销的基础，宝洁为此确立了三大原则：

（1）要推出的产品在测试阶段就要比竞争者具有明显的优势。

（2）尽早发现一个消费趋势并引导消费者消费。

（3）对消费者需求和偏好进行细致的监测。为了深入了解中国消费者，宝洁在中国建立了庞大的消费行为数据库和完善的市场调研系统，帮助企业一开始就了解中国人的需求及生活习惯。比如，他们洗头及刷牙的方式，对目前产品的意见以及喜欢什么样的宣传等。

案例分析

> 把握市场需要，不断推陈出新，是企业竞争胜利的关键所在。尤其对那些只经营单一产品的企业而言，不断推出迎合目标顾客口味、具有时尚概念的新产品，能够使企业在同行业中总处于领先地位，领导消费潮流，并总能以最快的速度，成功地攫取最多的市场利润。宝洁公司之所以能得心应手地运用各种营销策略，关键是抓住了让产品适应消费者这一主旨。"拥有了顾客，才是拥有了产品，拥有了市场"，宝洁深谙这一道理。

营销经典：朗讯的机会与威胁

朗讯是 20 世纪末期全球最大的通信设备供应商，1999 年它已经创下 380 亿美元的销售收入。朗讯的成功很大一部分要归功于它抓住了因特网市场迅速扩张的机会。

朗讯科技公司的前身是美国电话电报公司的网络系统与技术部，于1996 年 4 月正式成立，总部设在美国新泽西州玛瑞山，主要业务是发展宽带与移动因特网的基础设施，生产通信软件、半导体和光电子设备，权威产品有公用和专用网络、有线与无线通信系统和软件、数据网络系统、网络产品、商用电话系统和微电子器件，全球员工达 15 万之多。

20 世纪 90 年代中期，朗讯的发展开始步入了快车道。1999 年财政年度，朗讯的销售额超过 380 亿美元，增幅高达 24%；同年年底，公司的股价更是攀升到 82 美元，比一年前猛增了 300%，是华尔街公认的科技股明星。

从 1997 年开始，朗讯陆续收购了 28 家同类生产厂商，花费达 330 亿美元之多。机会来得快，去得也快，这次的疯狂收购为朗讯埋下了隐患。

早在几年前，朗讯就要求旗下的贝尔实验室进行光纤的研究与开发。2000 年开发出了最新产品"OC-192"快速光纤通信设备，但是朗讯却错误地估计了市场，他们认为在当时的条件下，用户还不需要这样快的传输速度，市场也没有这样高的要求，因此，将"OC-192"锁在实验室，等待最佳的时机推向市场，同时，继续向市场提供每秒 2.5G 比特的设备。所谓"OC-192"速度，即每秒传输量为 10G 比特，相当于 200 页码的文件。但是朗讯的最大竞争对手北方电讯却不这么认为，他们抓住了机会，抢先向市场推出了"OC-192"设备，一举在光纤联网设备市场上占据了主导地位。朗讯科技从此跌入低谷，市场份额连续"缩水"，境遇每况愈下，股价从 80 多美元一路下跌到 20 多美元，从 2000 年初发开始，朗讯便连续 4 次降低了预期赢利；2001 年最后一个季度，朗讯的季度销售额更是出现首次下滑，降幅高达 26%。

朗讯科技公司之所以遭此厄运，完全是因为它满足于已有的成绩，没有适时把握瞬息万变的市场动向，轻视敌手所致。朗讯本已研制成功"OC-192"光纤通信设备，却未能及时投放市场，白白丧失了发展的强大机遇，与再一次成功失之交臂。

案例分析

> 在机会转瞬即逝的市场竞争中，抓住机会就会一举成功，失去机会就可能一败涂地，这正是朗讯科技公司从成功走向失败的写照。

　　任何一个市场机会，通常都不可能只被你一个人发现，而是被很多人同时发现。在这些发现的人中间，谁抓住了机会，谁就享有这一机会的回报，错过机会，不仅得不到回报，还可能血本无归。打造高效率的团队，对市场做出快速反应，这对任何企业来说，都是一个重要的课题。

第二节

注重信息研究和需求衡量，为企业的准确决策奠定基础

科特勒有句名言："今日的营销已日渐成为一场拼信息的战争，相对而言，其他资源对这场战争的重要性已大大下降。"他指出，竞争者可以很容易地抄袭彼此的设备、产品、过程，却无法复制企业的信息。从这个角度讲，企业获得的信息内容已经成为企业主要的竞争优势。

建立营销信息系统

市场信息系统是搜集、分析、处理信息，向企业管理者提供有用信息的有组织的系统。这种信息系统建立的目的是帮助企业获取大量的信息，并从中挑选出真正有价值的信息，为以后的营销企划打好基础。

对于市场信息系统的设计，既要保证信息能够迅速准确地传递，又要保证所提供的信息具有可靠性与实用性。根据对市场信息系统的要求和市场信息系统收集、处理和利用各种资源的范围，市场信息系统一般

可分为以下 4 个子系统：

1. 内部报告系统

企业的内部报告系统是企业最基本的信息系统。这个系统的主要任务是提供控制企业全部经营活动所需的信息，包括订货、销售、库存、成本、现金流量、应收应付账款及盈亏等方面的信息。企业管理人员通过分析这些信息，比较各种指标的计划和实际执行情况，可以随时发现企业的市场机会和存在的问题。

科特勒认为，企业内部报告系统的核心是订单循环系统，即"订货——发货——收账"循环。这一循环过程集中反映了企业各个环节及企业经营活动运行的效率。所以，企业的内部报告系统的关键是如何提高这一循环系统的运行效率，并使整个内部报告系统能够迅速、准确、可靠地向企业的管理者提供各种有用的信息。

2. 营销情报系统

企业的市场营销情报系统是指企业营销人员取得外部市场营销环境中的有关资料的程序或来源。市场信息的获得常通过查阅各种商业报刊、文件，直接与顾客、供应者、经销商交谈，与企业内部有关人员交换信息等方式。也有的是通过雇用专家收集有关的市场信息，如通过专家收集有关产品发展趋势的信息，为企业的新产品开发提供依据。也有的通过各种公开手段了解竞争对手的情况，如通过购买竞争对手产品进行分析研究，以改进本企业产品，通过参观竞争对手的生产设备及生产过程，以了解竞争对手的生产技术水平。还有的通过向情报商等购买市场信息，有的专门从事市场研究的机构以出售市场信息为生，只要企业支付一定费用，便可得到有关市场信息。

3. 市场营销调研系统

市场营销调研系统主要负责收集、评估、传递管理人员制定决策所必需的各种信息。企业管理人员常常请求市场研究部门从事市场调查、消费者偏好测验、销售研究、广告评估等工作。研究部门的工作主要侧重于特定问题的解决，即针对某一特定问题正式收集原始数据，加以分析、研究，写成报告供最高管理层参考。

4. 市场营销分析系统

这是从改善经营或取得最佳经营效益的目的出发，通过分析各种模型，帮助市场营销管理人员分析复杂的市场营销问题的系统。该系统包括一些先进的统计程序和模型，借助这些程序和模型，可以从信息中发掘出更精确的调查结果，这个系统主要是为了帮助企业进行正确的信息分析。

通过对4个系统的分析，企业可以根据自身情况建立一套信息系统以帮助企业的营销人员在最短的时间内获得最多的有价值的信息。

轻松小看板

市场营销信息系统是企业收集、处理并利用相关环境数据的工具。相关环境包括宏观环境与微观环境，它们十分广泛且经常变化。企业在制定决策时必须明确哪些范围内的环境最值得研究。企业主要应收集与研究人口、价格水平、消费方式等数据，以及竞争者的过去、现状与未来等有关信息，自信息收集到传送给管理人员再到向环境做出反应，这一整个过程的时间性很重要。有效的市场营销信息系统应能向决策者提供迅速、准确、可解释的信息。

市场需求分析

科特勒指出，要制订营销计划首先要进行市场调研和信息收集，分析需求预测可以说是信息分析的目的。

估计市场需求是信息分析的重要步骤，但在大多数情况下，人们对市场需求含义的理解并不准确。市场需求的确切定义应当是：某个产品的市场需求是指一定的顾客在一定的地理区域、一定的时间、一定的市场营销环境和一定的市场营销方案下购买的总量。

企业若需做市场需求分析应该从以下几个方面考虑：

1. 市场预测

所谓市场预测，就是指在市场调查和市场分析的基础上，运用逻辑的数学方法，预先对市场未来的发展趋势做出描述和量的估计。它通过历史时期内有关社会经济现象的大量信息，系统地分析研究影响市场的各种因素，掌握市场变化的规律性，为制订经营决策提供科学依据。

2. 市场潜量

市场预测是估计的市场需求，但它不是最大的市场需求。最大的市场需求是指对应于最大的市场营销费用的市场需求，这时，进一步扩大市场营销力量，不会刺激产生更大的需求。市场潜量是指在一定的市场营销环境条件下，当行业市场营销费用逐渐增高时，市场需求达到的极限值。这里，有必要强调"在一定的市场营销环境条件下"这个限定语的作用。我们知道，市场营销环境变化深刻地影响着市场需求的规模、结构以及时间等，也深刻地影响着市场潜量。例如，对于某种产品来说，市场潜量在经济繁荣时期就比在萧条时期要高。

3. 企业需求

企业需求就是在市场总需求中企业所占的需求份额，表示成数学公式为：

$$Q_i = S_i Q$$

式中，Q_i 为企业 i 的需求；S_i 为企业 i 的市场占有率，即企业在特定时间内，在特定市场上某产品销售额占总销售额的比例；Q 为市场总需求。同市场需求一样，企业需求也是一个函数，称为企业需求函数或销售反应函数。根据上式，我们可以看出，企业需求不仅受市场需求决定因素的影响，还要受任何影响企业市场占有率因素的影响。

4. 企业销售预测

企业销售预测指的是根据企业确定的市场营销计划和假定的市场营销环境确定的企业销售额的估计水平。

如果企业的销售预测是指对全国经济活动的估计，或者企业需求几乎是不可扩张的，那么从预测到计划的顺序就是正确的。但是如果这预测是指对企业销售额的估计，或者，市场需求是可扩张的，那么在销售预测的基础上开发市场营销计划就是不正确的。企业销售预测是由市场营销计划决定的，而不是营销计划的基础。

5. 企业潜量

企业潜量是当企业的市场营销力量相对于竞争者不断增加时，企业需求所达到的极限。很明显，企业需求的绝对极限是市场潜量。如果企业的市场占有率为100%，即企业成为独占者时，企业潜量就等于市场潜量。但这只是一种极端状况。在大多数情况下，企业销售量小于市场潜量。

6. 估计当前市场需求

企业估计当前市场需求，主要是估计总的市场潜量、区域市场潜量、实际销售额和市场占有率。

总市场潜量就是指在一定期间内，一定水平的行业市场营销力量下，在一定的环境条件下，一个行业中所有企业可能达到的最大销售量。用公式表示为：

总市场 ＝ 潜在购买者 × 一个购买者的购买 × 每一平均单位的
　潜量　　　　数量　　　　　　　数量　　　　　　价格

企业计算出总市场潜量后，还应把它同现有市场规模进行比较。现有市场规模是指目前实际购买的数量或金额。显然，它总是小于总市场潜量。估计现有市场规模占总市场潜量的比例，对于制定正确的市场营销决策十分重要。

另外，还有一个重要概念，即可达市场。所谓可达市场，是指企业产品可达并可吸引到的所有购买者。如果由于企业的价格对其他竞争者的顾客没有吸引力，所以，它无法渗透其他竞争者的市场。然而，由于企业产品只销售到全国某一区域，尽管其现有市场占有率极低，但其可达市场占有率却很高。因此，企业的最佳选择是争取其可达市场中尚未开发的部分，而不是去争取竞争者的顾客。

7. 估计区域市场潜量

企业不仅要计算总的市场潜量，还要选择欲进入的最佳区域，并在这些区域内最佳地分配其市场营销费用,评估其在各个区域的市场营销效果。

为此,企业有必要估计各个不同区域的市场潜量。目前较为普遍地使用两种方法:市场累加法和购买力指数法。产业用品生产企业一般使用前者,而消费品生产企业则多采用后者。

(1)市场累加法。所谓市场累加法,是指先确认某产品在每一个市场的可能购买者,之后将每一个市场的估计购买潜量加总合计。当企业掌握所有潜在买主的名单以及每个人可能购买产品的估计量时,可直接应用市场累加法。

(2)购买力指数法。所谓购买力指数法,是指借助与区域购买力有关的各种指数(如区域购买力占全国总购买力的百分比、该区域个人可支配收入占全国的百分比、该区域零售额占全国的百分比,以及居住在该区域的人口占全国的百分比等)来估计其市场潜量的方法。

区域市场潜量的估计只能反映相对的行业机会,而不是相对的企业机会。各企业可以用公式中未考虑的因素来修正所估计的市场潜量。这些因素包括品牌占用率、竞争者类型与数目、销售力量的大小、物流系统、区域性促销成本、当地市场的特点等。

8.估计销售额和市场份额

企业不仅要估计总市场潜量和区域潜量,还要了解本行业的实际销售额。这就是说,企业还要识别竞争者并估计他们的销售额。根据国家统计部门公布的统计数字,企业可以了解到本行业的总体销售状况,并将企业销售状况与整个行业发展相比较,评价企业发展状况。例如,如果企业的销售额年增长率为6%,而整个行业的增长率为10%,这就意味着企业的市场占有率在下降,企业在行业中的地位已被削弱,而竞争者却发展迅速。

当企业进入产权经营阶段,企业发展战略决策显得越来越重要,个人决策的非理性因素可能导致"一着不慎,满盘皆输",加强市场需求预测已经是刻不容缓的大事。

轻松小看板

　　美国哈佛大学教授李维特曾指出，企业营销者最大的危险是把企业的任务定得太狭窄，即"营销近视症"。经营者把精力全部放在产品或技术上，而对市场需要关注很少，以美国铁路业为例，因为决策人忘记了消费者需要的是"交通"而不是"铁路"，以致受到其他运输业的打击而一蹶不振。

　　由此可见，企业决策者如何界定企业任务，对于企业发展影响甚大。如口香糖公司可以界定为专业口香糖公司，也可以扩大为糖果公司，也可以确定自己是食品公司，一层一层扩大经营范围。但过于广阔也可使企业投身于非力所能及的虚幻事业上，对公司也是不利的。

　　李维特断言，市场的饱和并不导致企业的萎缩，造成企业萎缩的真正原因是营销者的目光短浅，不能根据消费者需求的变化而相应调整营销战略。

需求预测的 4 种方法

　　市场需求及其预测对市场营销计划有着极其重要的作用，就像科特勒所说，可靠的预测已经成为企业成功的关键。因此，公司在预测时应谨慎，科特勒指出了以下几种预测方法。

1. 购买者意向调查法

　　购买者意向调查就是在既定的条件下，对购买者可能购买什么进行调查。当购买者的购买意向清晰明确、将转化为购买行为且购买者愿意将其意向告诉调研人员时，应用这种方法是很有效的。在西方国家，一些调研机构定期对消费者购买耐用消费品的意向进行调查。

2. 推销人员意见综合法

　　在无法对购买者进行询问的情况下，企业可以要求它的推销人员对未来的需求做出估计。

　　一般地，必须对推销人员做出的预测结果进行必要的调整。这是因为：

由于推销人员受其自身天性及近期推销绩效的影响，可能做出过分乐观或悲观的判断；由于所处地位的局限，他们可能不了解宏观经济的发展变化及企业的市场营销总体规划对未来市场销售的影响；在推销人员的个人利益和推销业绩直接挂钩的情况下，推销人员可能从个人利益出发，对未来的市场需求做出较低的估计；推销人员也可能由于缺乏进行预测的知识、能力或不愿进行深入研究，因而做出的估计误差很大。

3. 专家意见法

企业可以利用中间商及其他一些专家的意见进行预测。由于这种方法是以专家为索取信息的对象，用这种方法进行预测的准确性，主要取决于专家的专业知识和与此相关的科学知识基础，以及专家对市场变化情况的洞悉程度，因此依靠的专家必须具备较高的水平。

利用专家意见有多种方式。如组织一个专家小组进行某项预测，这些专家提出各自的估计，然后交换意见，最后经过综合，提出小组的预测。这种方式的缺点是，小组成员容易屈从于某个权威或者大多数人的意见（即使这些意见并不正确），不愿提出不同的看法；或者虽然认识到自己的意见错了，但碍于情面不愿意当众承认。

现在应用较普遍的方法是德尔菲法。其基本过程是：先由各个专家针对所预测事物的未来发展趋势独立提出自己的估计和假设，经企业分析人员（调查主持者）审查、修改，提出意见，再发回到各位专家手中，这时专家们根据综合的预测结果，参考他人意见修改自己的预测，即开始下一轮估计。如此反复，直到各专家对未来的预测基本一致为止。

4. 市场试验法

企业收集到的各种意见的价值，不管是购买者、销售人员的意见，还是专家的意见，都取决于获得各种意见的成本、意见可得性和可靠性。如果购买者对其购买并没有认真细致的计划，或其意向变化不定，或专家的意见也并不十分可靠，在这些情况下，就需要利用市场试验这种预测方法。特别是在预测一种新产品的销售情况和现有产品在新的地区或通过新的分销渠道的销售情况时，利用这种方法效果最好。

轻松小看板

　　由于产品种类不同，情报资料来源、可靠性和类型的多样性，加上预测目标不同，因而有许多不同的预测方法。科特勒指出，所有的预测都应建立在 3 个信息基础之上。

　　1. 人们所说的

　　人们所说的是指购买者及其亲友、推销人员、企业以外的专家的意见。在此基础上的预测方法有购买者意向调查法、销售人员综合意见法和专家意见法。

　　2. 人们要做的

　　建立在"人们要做的"基础上的预测方法是市场试验法，即把产品投入市场进行试验，观察销售情况及消费者对产品的反应。

　　3. 人们已做的

　　建立在"人们已做的"基础上的方法，是用数理统计等工具分析反映过去销售情况和购买行为的数据，这包括两种方法，即时间序列分析法和统计需求分析法。

营销经典：花王的信息研究

　　在日本，多数企业的市场战略是对现有产品的更新换代和市场促销。然而，"花王"却采取了另一种市场战略。他们认为：市场永远存在机会，消费者的需求在不断变化，企业之间的竞争现在就看谁能发现需求的新趋势和新特点。为此，"花王"专门成立了"生活科学研究所"，从企业各处调来上百名经济专家和市场调研的能手，总经理常盘文克对他们说："你们的工作就是挖掘和发现新的需求，你们要为整个企业的发展迈出关键的第一步。"

　　研究所每年都要定期根据不同的年龄层发放调查问卷，问答项目达几百个，而且十分具体。他们把回收的各种答案存入计算机，用于新产品的开发。现在，研究所每个月要增加近一万个来自消费者的信息。另一层次的调查是邀请消费者担当"商品顾问",让他们试用"花王"的新产品,然后"鸡蛋里挑骨头",从他们那里收集各种改进的意见。

来自消费者的信息成千上万,如何分析研究、取其精华,"花王"有其独特的方法。他们把所有信息分为两类:一类是期望值高的信息,即希望商品达到某种程度,或希望某种新产品;另一类是具体的改进建议。"花王"十分重视前者,这类信息虽然没有具体意见,甚至很模糊,却反映了消费者的期望,是新产品开发的重要启示,而具体的改进意见一旦和高期望值信息结合起来,则能起到锦上添花的作用。

在日本市场最畅销的产品——"多角度清扫器"就是这两类信息结合的产物。清扫用具迄今为止是笤帚和吸尘器的天下,但"花王"在调查中发现,消费者不仅对笤帚早已不满意,对吸尘器也颇有微词,比如后盖喷气使灰尘扬起,电线妨碍不能自由移动,最麻烦的是一些角落、缝隙、床底很难清扫到,消费者多次反映希望有一种能伸到任何地方清扫的用具。"花王"研究所集中了上百条有关信息,经过研究分析,提出了新产品的基本概念:多角度、无电线、不喷气、轻便等。几个月以后,新型的"多角度清扫器"终于问世,其销售量突飞猛进。

案例分析

信息研究的作用在于通过信息把企业与消费者联系起来,这些信息用来帮助经理们分析市场需求,辨别和界定市场营销机会和问题,从而制订出合乎市场需求的市场营销方案。"花王"之所以能一举成功,主要归功于它在新产品上市前的信息调查。"花王"专门成立的"生活科学研究所"作为信息系统为企业收集并筛选出最有价值的信息,其中"多角度清扫器"抓住了市场机会,弥补了消费者需求的市场空白,它的成功验证了信息研究对企业举足轻重的作用。

第三节

营销的计划与执行

　　科特勒一个很重要的观点是：有一个与众不同的营销企划就等于成功了一半。企业经过一系列的市场调研和信息需求分析之后，接下来要做的就是制订一个详细可行的营销计划，并且保证计划的有效执行。

营销计划的具体步骤

　　企业在做了一系列的市场调研和信息搜集以及需求衡量等工作后，接下来要做的就是根据收集到的所有信息制订市场营销计划。

　　科特勒说，计划首先是执行总结，它所涉及的是制定有助于公司实现整体战略目标的营销战略。

　　所谓的营销计划，是指企业在分析外部环境和内部条件的基础上，确定企业营销发展的目标，做出营销活动总体的、长远的谋划，以及实现这样的谋划所应采取的重大行动措施。

　　科特勒认为，一个典型的产品或品牌营销计划应该包括以下的几个主要部分：执行总纲，认识当前营销形势，分析机会与威胁、优势与劣势，拟定营销目标，制定营销策略，提出行动方案，预算分类，市场营销控制。

1. 执行总纲

市场营销计划首先要有一个内容提要，即对主要营销目标和措施的简要概括和说明，以便于企业领导者很快掌握整个计划的核心内容。如某企业的营销计划概要可这样表述："本企业计划在新的一年里使销售与利润额比上年有明显增长，增长率达到10%。其中，销售收入目标为1520万元，利润目标为150万元。打算采用的主要营销手段包括调低价格，强化广告促销，开设2个新的销售点。为此要求营销预算增加15%，达到120万元……"

2. 认识当前营销形势

这部分应向决策层提供关于营销组合诸因素以及宏观环境的有关数据，使其对目前形势以及宏观环境的有关数据有一个感性的认识。

（1）市场形势。指对目标市场规模与增长程度、顾客需求、观念和购买行为的初步分析。

（2）产品形势。即本企业产品在目前市场中所处的地位。包括销售量、价格、净利润等。

（3）竞争形势。即明确目前主要的竞争对手，对其规模、份额、营销组合以及战略进行描述。

（4）分销形势。指对分销渠道分布、规模、报酬率、效率、与竞争对手作比较。

（5）宏观环境分析。主要包括环境六要素的变化趋势、可能的机会或威胁。

3. 分析机会与威胁、优势与劣势

根据上述营销现状的资料，计划人员要找出企业或某一产品面临的主要机会与威胁，作为下一步采取措施的依据。

除了对机会与威胁的分析外，计划书还可进一步分析本企业的优势与劣势。机会与威胁主要针对外界因素而言，而优势与劣势则是指企业的内在因素。优势指企业可以利用的要素，如高质量的产品、出色的服务网和分销网、极富感染力的广告；劣势指企业应加以改正的部分，如

价格偏高、公关宣传不足、产品的市场定位不如竞争对手明确等。

4. 拟定营销目标

对机会、威胁、优势、劣势分析的结果应是确定营销要解决的主要问题，即拟定营销目标。目标是营销计划的核心与制定下一步具体营销策略和行动方案的基础。目标分为两类：财务目标，包括短期利润指标、长期的投资收益率等；营销目标，主要是销售额、市场占有率、目标利润率及有关广告效果、分销网点、定价等方面的具体目标。所有目标都应以定量的形式表达，并具有可行性、一致性，能够分层次地加以说明。

5. 制定营销策略

营销战略是企业用以达到营销目标的基本方法，包括目标市场、产品定位、市场营销组合策略、市场调研等主要决策。

企业营销的每一个目标都可通过各种方法去实现。如企业的利润指标增加，既可以通过提高单位产品销售价格，也可以通过扩大产品销售量取得。营销战略就要从这些方法中选择最佳方案。提高单位产品单价，可能会引起销售量下降，扩大产品销售量又可能会受企业生产能力制约等，这就需要企业注意各方面的分析，保证计划的可行性。

6. 提出行动方案

市场营销程序是对营销活动中某项工作的先后顺序和应遵循的具体步骤的规定。营销程序的一些条款性的具体规定，既指导人们如何行动，又确保企业的各项营销工作有条不紊地进行。

行动方案表明将具体做什么、什么时间做、谁参与、预计花费多少等，按时间顺序列成表，即是未来实际行动的计划。

7. 预算方案

根据行动方案还要编制相应的预算方案，表现为盈亏报表。收入方为预计销售量和平均价格，二者相乘得出预计的销售收入；支出方包括生产、销售、广告、实体分销等项费用；收支之差即预计的利润。企业领导者审查批准或修改这个预算，而一旦批准，该预算便成为安排采购、生产和营销活动的基础。

8. 市场营销控制

市场营销控制是市场营销计划的最后一部分，是对计划执行过程的控制，其典型的做法是将计划规定的目标和预算按月分解，以便于企业高层管理者进行有效的监督、检查和调整，督促未完成计划的部门改进工作，确保市场营销计划的完成。

另外，市场营销计划还应关注执行过程中可能遇到的风险，并选择相应的控制方法。

这是全部计划的最后一部分，用来监测营销计划的进度与完成情况。为了便于监测，整个计划的目标和预算应该按月或按季度制定，并要求量化明确。高层管理层可以对计划执行情况全程进行监测，对未能完成的目标或超额的预算及时做出反应。进度落后那部分的负责人，必须对落后原因加以解释并提出改进的方法。

轻松小看板

> 按不同的标准，营销计划可进行不同的分类。
>
> （1）按计划期的长短，可把营销计划分为长期计划、中期计划和短期计划。
>
> （2）按企业的机构执行，营销计划可分为公司计划、职能部门计划和利润中心计划。
>
> （3）按计划的性质不同，营销计划可分为战略计划、策略计划和作业计划。

营销部门组织

科特勒认为，若想使营销计划有效地执行，就必须建立营销组织来执行营销计划。营销部门内部的组织结构有多种形式，但大致都与职能分工、地理区域、产品和顾客划分有关，企业可按这几种分工方式设置相应机构，如下图所示。

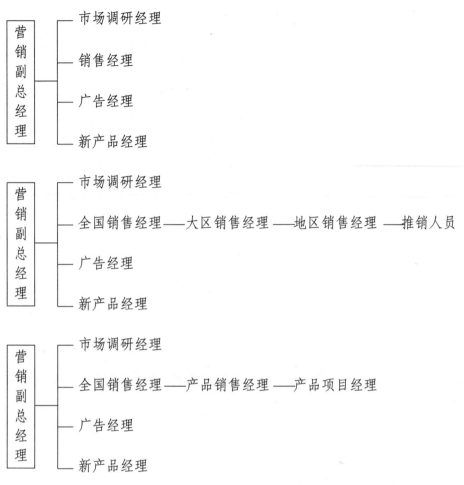

营销部门内的组织形式图

1. 职能式组织

这是最古老也最常见的市场营销组织形式。它强调市场营销各种职能如销售、广告和研究等的重要性。当企业只有一种或很少几种产品，或者企业产品的市场营销方式大体相同时，按照市场营销职能设置组织结构比较有效。但是，随着产品品种的增多和市场的扩大，这种组织形式就暴露出发展不平衡和难以协调的问题。既然没有一个部门能对某产品的整个市场营销活动负全部责任，那么，各部门就强调各自的重要性，以便争取到更多的预算和决策权力，致使市场营销总经理无法进行协调。

2.产品式组织

生产多种产品或多种不同品牌的大企业，往往按产品或品牌建立管理组织，即采取由某专人负责一种产品或产品线的组织形式。

这种组织形式的优点：一是各类产品责任明确，由于产品互不相关，各产品相互干扰不大；二是比较灵活，增加新产品时再增加一个产品部即可。其缺点是缺乏地区概念，各个产品部不可能对每一个地区都能兼顾并做出适当反应。

产品式组织比较适合采用多角化经营战略的企业。这类企业同时从事多种不同系列、不同品牌产品的经营，产品之间差异颇大。当产品差异较大时，它们就很难适用同一套营销策略和计划，由不同人分别对它们负责也就顺理成章了。

产品式组织目前在食品、洗涤品、化妆品和化学药品等行业里最受欢迎，如著名的宝洁公司、通用食品公司都建立了产品式组织。产品经理负责对一项产品从市场调查、预测，制订策略、制订计划，到实施、控制的全过程。产品或组织保证了不同品种的产品都有专人负责而不致被忽视。

3.地区式组织

如果一个企业的市场营销活动面向全国，那么它会按照地理区域设置其市场营销机构。为了使整个市场营销活动更为有效，地理型组织通常都是与其他类型的组织结合起来使用。

轻松小看板

企业营销组织的设计应该遵循以下原则：

（1）目标一致原则。

（2）分工协作原则。

（3）命令统一原则。

（4）责、权、利相统一的原则。

（5）集权与分权相结合原则。

如何使营销计划更加成功

科特勒指出，一些企业尽管做出了不错的营销计划，但却不能做出适当的营销控制。

他警告说，若要确保计划的有效执行，企业应该时时对营销执行过程进行有效的控制，它主要包括 4 个方面。

1. 年度计划控制

年度计划控制是为了保证公司在年度计划中所制定的销售、赢利和其他目标的实现。这一任务可分为 4 步：

（1）管理当局必须明确地阐明年度计划中每月、每季的目标。

（2）管理当局必须掌握衡量计划执行情况的手段。

（3）管理当局必须确定执行过程中出现严重缺口的原因。

（4）管理当局必须确定最佳修正行动，以填补目标和执行之间的缺口。

2. 赢利能力控制

企业除年度控制外，还需衡量不同的产品在不同市场针对不同的顾客群、通过不同的分销渠道获利的能力。通过获利性控制可帮助企业决定哪些应扩大，哪些应该缩减，甚至放弃。

赢利能力控制通常包括 3 个必要步骤：

（1）确定各职能的费用。

（2）将费用分配给各营销实体。

（3）为不同的渠道编制损益表。然后，决定最佳改进方案。

其中，需要引起注意的是在利用分析工具中的成本分析时，应明确不同的成本概念的内涵。

3. 效率控制

假如赢利能力分析显示出企业关于某一产品、地区或市场所得的利润很差，那么紧接着下一个问题便是有没有高效率的方式来管理销售人员、广告、销售促进及分销。

（1）销售人员效率。企业的各地区的销售经理要记录本地区内销售人员效率的几项主要指标，这些指标包括：

①每个销售人员每天平均的销售访问次数；

②每次会晤的平均访问时间；

③每次销售访问的平均收益；

④每次销售访问的平均成本；

⑤每次销售访问的招待成本；

⑥每百次销售访问而订购的百分比；

⑦每期间的新顾客数；

⑧每期间丧失的顾客数；

⑨销售成本对总销售额的百分比。

企业可以从以上分析中，发现一些非常重要的问题。例如，销售代表每天的访问次数是否太少，每次访问所花时间是否太多，是否在招待上花费太多，每百次访问中是否签订了足够的订单，是否增加了足够的新顾客并且保留住原有的顾客。当企业开始正视销售人员效率的改善后，通常会取得很多实质性的改善。

（2）广告效率。企业应该至少做好如下统计：

①每一媒体类型、每一媒体工具接触每千名购买者所花费的广告成本；

②顾客对每一媒体工具，注意、联想和阅读的百分比；

③顾客对广告内容和效果的意见；

④广告前后对产品态度的衡量；

⑤受广告刺激而引起的询问次数。

企业高层管理可以采取若干步骤来改进广告效率，包括进行更加有效的产品定位，确定广告目标，利用电脑来指导广告媒体的选择，寻找较佳的媒体以及进行广告后效果测定等。

（3）促销效率。为了改善销售促进的效率，企业管理阶层应该对每一销售促进的成本相对销售的影响作记录，注意做好如下统计：

①由于优惠而销售的百分比；

②每一销售额的陈列成本；

③赠券收回的百分比；

④因示范而引起询问的次数。

企业还应观察不同销售促进手段的效果，并使用最有效果的促销手段。

（4）分销效率。分销效率主要是对企业存货水准、仓库位置及运输方式进行分析和改进，以达到最佳配置并寻找最佳运输方式和途径。例如，面包批发商遭到了来自连锁面包店的激烈竞争，他们在面包的物流方面尤其处境不妙，面包批发商必须作多次停留，而每停留一次只送少量面包。不仅如此，卡车司机一般还要将面包送到每家商店的货架上，而连锁面包商则将面包放在连锁店的卸货平台上，然后由商店工作人员将面包陈列到货架上，这种物流方式促使美国面包商协会提出：是否可以利用更有效的面包处理程序为题进行调查。该协会进行了一次系统工程研究，他们按一分钟为单位，具体计算面包装上卡车到陈列在货架上所需要的时间。通过跟随司机送货和观察送货过程，这些管理人员提出了若干改进措施，使经济效益的获得来自更科学的作业程序。不久，他们在卡车上设置特定面包陈列架，只需司机按动电钮，面包陈列架就会在车子后部自动开卸。这种改进措施既受到进货商店的欢迎，又提高了工作效率。

效率控制的目的在于提高人员推销、广告、销售促进和分销等市场营销活动的效率，市场营销经理必须重视若干关键比率，这些比率表明上述市场营销组合因素的有效性以及应该如何引进某些资料以改进执行情况。

4．战略控制

把检查公司基本战略是否与公司的机会匹配的做法称为战略控制。

概括地说，战略控制是指市场营销管理者采取一系列行动，使实际市场营销工作与原计划尽可能一致，在控制中通过不断评审和信息反馈，对战略不断修正。市场营销战略的控制既重要又难以准确，因为企业战略的成功是总体的和全局性的，战略控制注意的是控制未来，还未发生的事件；战略控制必须根据最新的情况重新评价计划和进展，因而难度也较大。

轻松小看板

> 科特勒把营销控制的实施分为 4 个步骤：
>
> （1）设定目标：我们要实现什么目标。
>
> （2）测量绩效：发生了什么情况。
>
> （3）评价绩效：发生的原因是什么。
>
> （4）采取纠偏措施：对此我们该做什么。

营销审计是战略控制的重要工具

科特勒建议企业在进行战略控制时，可以运用市场营销审计这一重要工具。

所谓市场营销审计，是对一个企业的市场营销环境、目标、战略、组织、方法、程序和业务等作综合的、系统的、独立的和定期性的核查，以便确定困难所在和各项机会，并提出行动计划的建议，改进市场营销管理效果。其主要特点是，不限于评价某一些问题，而是对全部活动进行评价。越来越多的企业把它当作加强市场营销管理的一个有效工具。市场营销审计的基本内容包括市场营销环境审计、市场营销战略审计、市场营销组织审计、市场营销系统审计、市场营销赢利能力审计和市场营销职能审计。

1. 市场营销环境审计

市场营销必须审时度势。因此，必须对市场营销环境进行分析，并在分析人口、经济、生态、技术、政治、文化等环境因素的基础上，制定企业的市场营销战略。由于市场营销环境的不断变化，原来制定的市场营销战略也必须相应的改变，也需要经过市场营销审计来进行修订。目前，我国许多企业重复投资、重复建设、盲目上马，不能适应市场需要，不利于形成适度的市场规模，因而难以取得理想的经济效益，原因就在于缺乏充分的市场营销环境的调查与分析。即使有些企业在这方面做了一些工作，但是，绝大多数企业还远没有进行市场营销环境审计，包括对市场规模，市场增长率，顾客与潜在顾客对企业的评价，竞争者的目标、战略、优势、劣势、规模、市场占有率，供应商的分销方式，经销商的分销渠道等的分析评价。

2. 市场营销战略审计

企业是否能按照市场导向确定自己的任务、目标并设计企业形象；是否能选择与企业任务、目标相一致的竞争地位；是否能制定与产品生命周期、竞争者战略相适应的市场营销战略；是否能进行科学的市场细分并选择最佳的目标市场；是否能恰当地分配市场营销资源并确定合适的市场营销组合；企业在市场定位、企业形象、公共关系等方面的战略是否卓有成效，所有这些都需要经过市场营销战略审计的检验。

3. 市场营销组织审计

市场营销组织审计，主要是评价企业的市场营销组织在执行市场营销战略方面的组织保证程度和对市场营销环境的应变能力，包括：企业是否有坚强有力的市场营销主管人员及明确的职责与权力；是否能按产品、用户、地区等有效地组织各项市场营销活动；是否有一支训练有素的销售队伍，对销售人员是否有健全的激励、监督机制和评价体系；市场营销部门与采购部门、生产部门、研究开发部门、财务部门以及其他部门的沟通情况、是否有密切的合作关系等。

4. 市场营销系统审计

企业市场营销系统包括市场营销信息系统、市场营销计划系统、市场营销控制系统和新产品开发系统。

对市场营销信息系统的审计，主要是审计企业是否有足够的有关市场发展变化的信息来源，是否有畅通的信息渠道，是否进行了充分的市场营销研究，是否恰当地运用市场营销信息进行科学的市场预测等。

对市场营销计划系统的审计，主要是审计企业是否有周密的市场营销计划和计划的可行性、有效性以及执行情况如何，是否进行了销售潜量和市场潜量的科学预测，是否有长期的市场占有率增长计划，是否有适当的销售定额及其完成情况如何等。

对市场营销控制系统的审计，主要是审计企业对年度计划目标、赢利能力、市场营销成本等是否有准确的考核和有效的控制。

对新产品开发系统的审计，主要是审计企业开发新产品的系统是否健全，是否组织了新产品创意的收集与筛选，新产品开发的成功率如何，新产品开发的程序是否健全，包括开发前的充分的调查研究、开发过程中的测试以及投放市场的准备及效果等。

5. 市场营销赢利能力审计

市场营销赢利能力审计，是在企业赢利能力分析和成本效益分析的基础上，审核企业的不同产品、不同市场、不同地区以及不同分销渠道的赢利能力，审核进入或退出、扩大或缩小某一具体业务对赢利能力的影响，审核市场营销费用支出情况及其效益，进行市场营销费用销售分析，包括销售队伍对销售额之比、广告费用对销售额之比、促销费用对销售额之比、市场营销研究费用对销售额之比、销售管理费用对销售额之比，以及进行资本净值报酬率分析和资产报酬率分析等。

6. 市场营销职能审计

市场营销职能审计，是对企业的市场营销组合因素（即产品、价格、分销、促销）效率的审计。主要是审计企业的产品质量、特色、式样、品牌的顾客欢迎程度；企业定价目标和战略的有效性；市场覆盖率；企业分销商、经销商、代理商、供应商等渠道成员的效率、广告预算、媒体选择及广告效果；销售队伍的规模、素质以及能动性等。

轻松小看板

营销审计 4 个方面的特征：

（1）全面性：全面营销审计能更有效地找出企业问题的所在。

（2）系统性：营销审计包括一系列的步骤。

（3）独立性：营销审计人员一般是由企业之外的人主持，因此具有独立性。

（4）定期性：无论情况如何，企业都应该定期进行营销审计。

营销经典：日立公司的营销计划

日立公司主要从事录像机的生产与销售，该公司的经营十分出色。

由于日立商标名称的知名度很低，日立盒式录像机没有任何显著的产品特征区别，同时日立也难以开发出不易被竞争对手迅速模仿的产品特征。日立本身拥有的分销商无论在数量上还是在质量上又都不能与它的大多数竞争对手相比，而且大约只有 3% 的分销商认为日立是一个重要品牌，因此，日立公司的营销形势日趋严峻。但是，这并不表示日立完全没有机会。

（1）在二流消费品制造企业中，没有一家有一个防御市场定位，因此，日立可以把三洋、弗西尔、夏普从它们占领的销售网点中挤出去，取而代之。

（2）顾客调查表明，大多数消费者都对盒式录像机的《使用说明书》不满意。

（3）由于电子消费品零售商店也面临着可怕的激烈竞争，因此它们也乐于接受能给它们带来竞争优势的计划，所以，只要是有利于竞争的计划，它们都会做出积极的反应。

日立公司若想在市场上立足，就必须开展一系列的营销计划。

日立 1989 年的主要营销目标为：

销售额　　　　2.1 亿美元

毛利　　　　　5700 万美元

毛利率　　28%

净利润　　600 万美元

市场占有率　　　　6.3%

日立有两个需要解决的问题：其一是它必须建立一个既有顾客又有零售商的防御市场定位；其二是它必须提高产品价格以恢复到原有的利润率水平。

1989 年公司的市场营销企划案以建立一个更强的防御市场定位为中

心。对顾客来讲，主要是通过大大改善产品说明书来满足他们的需要；对零售商来讲，主要是开展独一无二的促销运动，来重点满足他们的需要。1990 年日立的市场定位应该有所改观，使之作为提高价格的基础。

1. 主要行动

日立公司的主要行动和策略如下：

（1）提高产品在消费者心目中的知名度并增加对日立公司产品的支持。

（2）争取零售商对日立盒式录像机产品的支持。

2. 具体方案

日立是一家综合性的电子产品生产厂家，它制造适合需要的多种产品进入电子类市场。

（1）《使用说明书》。日立已经委托公司外部的专家与本公司工程部专家一同编制一份新的《使用说明书》。为了使顾客容易理解说明书，日立对盒式录像机进行更新以使其首先做到容易操作。进行更新并配备易于理解的《使用说明书》的新型盒式录像机于 1988 年 12 月准备就绪。日立必须在对新的易于操作的说明书开展一系列活动之前的 30 天，将新型盒式录像机运到目标市场，以便留出时间让各零售商店妥善处理完店内现存的老式日立盒式录像机。

（2）零售商折扣。在 1989 年日立仍继续执行对零售商的折扣。

（3）推销人员的培训。对推销人员的培训从 1988 年 12 月 1 日开始，直到新的推销活动开始时为止。

（4）开设 24 小时免费热线电话。从 1989 年 2 月 1 日起，公司开设 24 小时免费服务电话，与顾客讨论日立盒式录像机的问题。

（5）零售商店策略。对零售商店的活动安排包括如下将要执行的策略：

① 1988 年 12 月 10 日之前，日立公司提前通知零售商，新型盒式录像机说明书即将运到零售商手中。

②到 1989 年 1 月 15 日，公司的推销员把新的推销活动安排送到每一位销售日立产品的零售商手中。

③凡购买 10 台日立盒式录像机的零售商，将免费获得一份关于介绍

产品的店内样品招贴。

④每位销售人员携带一盒录像带，这盒录像带录有顾客对新型盒式录像机和新的操作说明书表现出极大兴趣及反映强烈的内容。推销员把这一录像内容播放给零售商看。

⑤日立公司还编制和印刷一本袖珍销售说明书，以便零售商店的销售人员发给前来光顾的潜在顾客。

⑥店内陈设。店内陈设将委托一家广告代理商设计制作。陈设台将有 1.2 米高，有 20 台盒式录像机，最大限度地利用层次空间，以充分吸引顾客的注意力，使顾客从各个角度都能看到。

（6）宣传展示活动。这一活动将循环在每一个零售商店组织进行。这些突袭宣传活动包括反复播放消费者使用日立盒式录像机的录像，显示他们对新型日立盒式录像机表现出的极大兴趣，以及对新型易于理解的使用说明书的强烈反响。录像中还展示日立公司对日立盒式录像机产品所做的全部更新并加以说明，以达到顾客易于理解和便于操作日立盒式录像机的目的。

（7）合作广告。如果零售商在合作广告基金上投资的话，它们将获得购买额 2% 的收益。不过这些是有条件的，只有它们将广告宣传的内容集中在介绍日立公司新型《使用说明书》方面时，零售商才可以获得这 2% 的收益。合作广告基金将支付一半的广告费用。

（8）公共关系。公司发布易于掌握的《使用说明书》的新闻，并将新闻送到销售日立盒式录像机的零售商所在地，在有关报刊上发表。

（9）刺激销售商计划。对那些购买日立盒式录像机价值在 5 万美元以上并付了款的零售商，日立公司将向它们提供一年两次、每次持续一周的奖励活动。

案例分析

> 凭借日立公司的有效计划，日立公司成为早期进入中国市场的少数外资企业之一。目前，日立仅在中国就拥有 30 家合资、独资企

业及 50 多家集团企业。

最初，日立公司经营出色、发展迅速，但由于市场发展迅速，日立公司的各个竞争对手纷纷崛起，日立公司必须为保护自己的市场份额采取一定的计划。

这个案例是日立公司的一个营销计划书，日立公司首先分析了公司目前的营销状况，即只有 3% 的分销商认为日立是一个重要品牌，同时，日立的产品无法与其竞争者相比。然后，日立公司在经过一系列的调查后，发现自己并不是完全没有机会。如进行市场定位，修改《使用说明书》使之符合消费者的心理等，根据这些问题和机会，日立公司制定了一系列的营销策略，并最终获得了成功。

日立公司的案例说明，一个好的营销计划对整个企业的发展方向具有指向作用，所以，任何企业都应根据自身面临的机会和威胁，制订一个合理的计划。

营销经典：新可乐失败的教训

1985 年 4 月 23 日，可口可乐公司董事长罗伯特宣布了一项惊人的决定。他宣布经过 99 年的发展，可口可乐公司决定放弃它一成不变的传统配方，原因是现在的消费者更偏好口味更甜的软饮料，为了迎合这一需要，可口可乐公司决定更改配方调整口味，推出新一代可口可乐。

可口可乐公司做出改换口味的决定，其原因是竞争对手百事可乐来势汹汹，它先是推出了"百事新一代"的系列广告，促销的主要对象就是饮料市场最大的消费群体——年轻人。

在第一轮广告攻势大获成功之后，百事可乐继续强调百事可乐"青春形象"，又展开了号称"百事挑战"的第二轮广告攻势。在这轮攻势中，百事可乐公司大胆地对顾客口感试验进行了现场直播，即在不告知参与者在拍广告的情况下，请他们品尝各种没有品牌标志的饮料，百事可乐公司的这次冒险成功了，几乎每一次试验后，品尝者都认为百事可乐更好喝，"百事挑战"系列广告使百事可乐在美国的软饮料市场份额从6%猛升至14%。

可口可乐新的领导者罗伯特认为，尽管可口可乐公司广告开销巨大、分销手段先进、网点覆盖面广，但市场占有率却还是一直在下滑，其重要的原因是可口可乐那曾经神圣不可侵犯的、已经使用了99年的配方，似乎已经不符合今天消费者的口感要求了。

可口可乐公司技术部门决定开发出一种全新口感、更惬意的可口可乐，并且最终拿出了样品，这种"新可乐"比可口可乐更甜、气泡更少，因为它采用了比蔗糖含糖量更多的谷物糖浆，它的口感柔和且略带胶黏感。

可口可乐公司在研制新可乐之前，曾秘密进了代号"堪萨斯工程"的市场调查行动，问题包括：可口可乐配方中将增加一种新成分使它更柔和，你愿意吗？可口可乐将与百事可乐口味相仿你会感到不安吗？你想试试一种新饮料吗？调查结果表明只有10%～12%的顾客对新口味的可口可乐表示不安，而且其中一半表示会适应新的可口可乐，这表明顾客们愿意尝试新口味的可口可乐。

在新可乐的样品出来后，可口可乐公司也组织了品尝测试，测试的结果令可口可乐公司兴奋不已，顾客对新可乐的满意度超过了百事可乐。市场调查人员认为这种新配方的可乐至少可以将可口可乐的市场占有率推高1%～2%，这就意味着多增加2～4亿美元的销售额。

为了确保万无一失，可口可乐公司倾资400万美元进行了再一次规模更大的口味测试，这次口感测试中新可乐再次击败了对手百事可乐。

在"新可乐"全面上市的初期，市场的反应相当好，1.5亿人在"新可乐"面世的当天品尝了它，但很快情况有了变化。

在"新可乐"上市后的一个月，可口可乐公司每天接到超过5000个抗议电话，而且更有雪片般飞来的抗议信件，可口可乐公司不得不开辟了83条热线，雇用了更多的公关人员来处理这些抱怨和批评。有的顾客称可口可乐是美国的象征，有的顾客威胁说将改喝茶水永不再买可口可乐公司的产品，更有忠于传统可口可乐的人组成了"美国老可乐饮者"的组织在发动全面抵制"新可乐"的运动，而且许多人开始寻找已停产的传统可口可乐，这些"老可乐"的价格一涨再涨。新可乐面市后两个月，其销量远远低于公司的预期值，不少经销商强烈要求改回销售传统可口可乐。

公司的市场调查部门进行了紧急的市场调查，一月前还有53%的消费者声称喜欢"新可乐"，可现在一半以上的人说他们不喜欢"新可乐"，再过一个月，认可"新可乐"的人只剩下不到30%。

"新可乐"面市后的三个月，其销售仍不见起色，而公众的抗议却愈演愈烈。最终可口可乐公司决定恢复传统配方的生产，其商标定名为可口可乐古典，同时继续保留和生产"新可乐"。但是可口可乐公司已经在这次的行动中遭受了巨额的损失。

案例分析

在可口可乐公司"新可乐"的事件中，整个的决策过程似乎没有不当之处，而且整个过程可口可乐公司也显得相当的谨慎，在新产品的研制前和投产前都进行了广泛的市场调查，并且是在市场调查结果表示明确支持上进行的，但最终还是失败了。失败在于决策过于迷信市场调查的结果而忽视了其他因素的存在，尤其忽视了传统可口可乐品牌的形象和消费者对传统可口可乐的忠诚度。做出这样的决策也是过于相信调查结果导致。因此，企业在制订营销计划前，应考虑市场的各方面因素，尽可能收集更为全面的信息。

第二章
营销的中心可定义
为战略市场营销
——细分市场策略

第一节

市场细分
——找对你的顾客

市场并非同质，消费者的需求也趋于个性化。无论企业的实力多么雄厚，它都无法为所有的顾客提供服务，现代的市场要求企业放弃大规模营销和产品的多样化营销，而采用一种市场细分的策略为企业寻找更多的机会。

市场细分标准

所谓市场细分，就是企业的管理层按照细分变数，即影响市场上购买者的欲望和需要、购买习惯和行为诸因素，把整个市场细分为若干需要不同的产品和市场营销组合的市场部分或亚市场，其中任何一个市场部分或亚市场都是一个有相似的欲望和需要的购买者群，都可能被选为企业的目标市场。

市场细分不等于产品分类，市场细分一定要从顾客的特点出发，目光要先盯着顾客，再来看自己的产品，要想进行有效的市场细分，首先应该分析消费者需求的影响因素。

市场细分的方法多种多样，科特勒提醒，企业细分市场不能仅靠一种方式，营销人员必须尝试各种不同的细分变量或变量组合，以便找出分析市场结构的最佳方法，根据影响消费者需求的因素，科特勒主要分析了以下几种细分标准：

1. 地理细分

地理细分是指企业按照消费者所处的地理位置来细分市场，然后选择一个或几个市场部分作为目标市场。地理细分主要包括地区、城镇、气候条件和人口密度。

2. 人口细分

人口是构成消费品市场的基本要素之一，因而它是市场细分常用的和最重要的标准。人口细分主要从年龄、性别和收入三方面进行。

科特勒认为，为了更有效地估计目标市场的规模和做好进入目标市场的准备，企业必须要了解目标消费者的人口特征。

（1）年龄。购买者对产品的需求和购买能力常因年龄而有所不同，因此年龄常常是一个重要的市场细分化变数。

虽然用年龄区分人口特征，进而进入目标市场的做法有很大的作用，但科特勒仍然提醒企业采用这种方法时必须当心落入俗套，因为同样是70岁的老人，有的坐在轮椅上，有的却是活跃在运动场上。

（2）性别。男女在购买动机和行为上常有很大的差异，因此性别也是很重要的细分变数。

（3）收入。对汽车、住宅、服饰、化妆品、旅游等产品和服务而言，收入一直是一个重要的市场细分化变量。以汽车而言，有针对高收入家庭设计的奔驰、凯迪拉克，也有针对一般中上家庭的神龙富康、赛欧等。

3. 心理细分

根据购买者所处的社会阶层、生活方式、个性特点等心理因素细分市场就叫心理细分。

（1）社会阶层。社会阶层是指在某一社会中具有相对同质性和持久性的群体。处于同一阶层的成员具有类似的价值观、兴趣爱好和行为方式，不同阶层的成员则在上述方面存在较大的差异。很显然，识别不同社会阶层的消费者所具有的不同特点，对于很多产品的市场细分将提供重要的依据。

（2）生活方式。通俗地讲，生活方式是指一个人怎样生活。人们追求的生活方式各不相同。有的追求新潮时髦；有的追求恬静、简朴；有的追求刺激、冒险；有的追求稳定、安逸。

（3）个性。个性是指一个人比较稳定的心理倾向与心理特征，它会导致一个人对其所处环境做出相对一致和持续不断的反应。俗语说："人心不同，各如其面。"每个人的个性都会有所不同。通常，个性会通过自信、自主、支配、顺从、保守、适应等性格特征表现出来。因此，个性可以按这些性格特征进行分类，从而为企业细分市场提供依据。在西方国家，对诸如化妆品、香烟、啤酒、保险之类的产品，有些企业以个性特征为基础进行市场细分并取得了成功。

4．行为细分

行为因素是细分市场的重要标准，特别是在商品经济发达阶段和广大消费者的收入水平提高的条件下，这一细分标准越来越显示其重要地位。不过，这一标准比其他标准要复杂得多，而且也难掌握。

（1）购买习惯。即使在地理环境、人口状态等条件相同的情况下，由于购买习惯不同，仍可以细分出不同的消费群体。如购买时间习惯标准，就是根据消费者产生需要购买或使用产品的时间来细分市场的。

（2）寻找利益。消费者购买商品所要寻找的利益往往是各有侧重的，据此可以对同一市场进行细分。一般地说，运用利益细分法。首先，必须了解消费者购买某种产品所寻找的主要利益是什么；其次，要了解寻求某种利益的消费者是哪些人；最后，要调查市场上的竞争品牌各适合哪些利益，以及哪些利益还没有得到满足。通过上述分析，企业能更明确市场竞争格局，挖掘新的市场机会。

（3）产品使用者。使用者可以区分为使用者、非使用者、初次使用者、超前使用者、潜在使用者、偶尔使用者、固定使用者。对于这些使用者类别，必须采用不同的销售和沟通方法。

（4）使用量。在许多市场，较低比例的消费者代表着全部销量中的较大比例。通常，大约20%的使用者占了80%的消费量。在很多情况下，区分重度使用者、轻度以及非使用者是非常有用的。对重度使用者，或者说关键贡献者，需给予特殊的对待。

（5）忠诚程度。对于现有的消费者，可以区分为绝对忠诚、轻度忠诚和品牌转换者。香烟、啤酒以及牙膏通常是品牌忠诚市场。保持忠诚用户是关系营销的目标。可开发的营销策略是吸引竞争者的用户或增加转换者的品牌忠诚。

5．偏好细分

偏好细分就是根据市场反应，寻找营销与产品的结合点，主要分为以下几种类型。

（1）同质偏好。市场上购买者的偏好大致相同就组成了同质偏好。该市场表示无"自然分市场"，至少对这两种属性而言是如此。可以预见，存在的品牌具有相近的属性，产品定位一般都在偏好的中心。在这种情况下，销售者必须同时重视式样和质量两种属性。

（2）扩散偏好。科特勒指出在另一个极端，购买者的偏好可能在空间平均分散，而无任何集中现象，这表示购买者对产品的偏好有所不同，这就是扩散偏好。也就是说，他们对皮鞋的式样和质量两种属性各有程度不同的喜爱和要求。这时销售者可以有两种选择：一种是兼顾两种属性。假如市场上有个品牌，它的属性很可能位于中心，以便迎合最多的购买者，使总体购买者的不满足感减小到最低限度。如果有新的竞争者进入市场，很可能由于产品的属性与第一种品牌相同而导致一场市场占有率之争。另一种选择是侧重于某一属性的偏好，即将产品的属性定位于某些角落，以吸引那些对属性位于中心的品牌不满的购买者群。譬如，皮鞋侧重于式样或者质量，从而把重视这一属性偏好的购买者吸引过来。如果市场上有好几个品牌竞争，那么很可能由于迎合一部分购买者的不同偏好而分散定位在各个不同空间。

（3）群组偏好。市场上不同偏好的购买者会形成一些集群。譬如，有的购买者偏重于式样，有的购买者偏重于质量，各自形成几个集群，称为"自然分市场"。进入市场的第一个企业有 3 种选择：

①定位于期望吸引所有群组的中心（无差别市场营销）。

②定位于最大的分市场（集中市场营销）。

③同时发展几个品牌，每个品牌分别定位于不同的分市场（差别市场营销）。

很显然，如果只发展一种品牌，竞争者必将介入，并将在其他分市场引进许多品牌。

轻松小看板

市场细分是 1956 年由美国市场营销学家温德尔·斯密首先提出来的一个新概念，它是现代企业市场营销观念的一个重大突破，是顺应新的市场态势应运而生的产物，温德尔·斯密的细分市场概念一提出，就受到企业管理界和学术界的重视，并得到越来越广泛的运用。

评估细分市场

科特勒指出，企业在评估不同的细分市场时，必须考虑潜在的细分市场对公司是否有吸引力，这就要求企业综合考虑三方面的因素：细分市场的规模和增长程度、细分市场结构的吸引力以及企业的目标和资源。

1. 细分市场的规模和增长程度

首先要评估细分市场是否有适当规模和增长潜力。所谓适当规模是相对于企业的规模与实力而言的。较小的市场对于大企业，不值得涉足，而较大的市场对于小企业又缺乏足够的资源来进入，并且小企业在大市场上也无力与大企业竞争。市场增长潜力的大小，关系到企业销售和利润的增长，但有发展潜力的市场也常常是竞争者激烈争夺的目标，这又减少了它的获利机会。

2. 寻找结构上有吸引力的细分市场

是否具有吸引力最终取决于观察者的眼光。吸引一家大型跨国公司的事物，不一定会吸引一个资本有限的地方性公司，但这两者都在寻找赢利力超过平均水平、成长前景看好的细分市场。市场吸引力取决于他们比对手更好地利用这些特性的能力。

科特勒提醒，企业必须查明影响细分市场长期吸引力的几个因素，即一个细分市场中竞争对手的强弱、潜伏产品是否会限制细分市场中的价格和利润，消费者的购买力以及细分市场中是否存在很强的供应商等。

每一细分市场的成长前景取决于未被利用的机会。即使是成熟的市场也可能存在着非常重要且未被人注意的增长潜力。一家公司在看起来死气沉沉的运动鞋市场上，通过以更优秀的加工和更诱人的式样满足顾客还未得到满足的需要，从一无所有发展到年收入达 4 亿美元。而市场中的其他厂商都忽略了这些信号，或者因为他们已经很满足了，或者因为他们已被其他问题所困扰。但是，能揭示出细分市场的增长率的信息很少，因而需要进行认真的市场研究。

3. 评估企业的目标和资源

企业实力雄厚、管理水平较高，可考虑采用差异性或无差异性营销策略；资源有限，无力顾及整体市场或几个细分市场的企业，则宜于选择集中性营销策略。

在考虑了这三个因素之后，企业对细分市场的评估才是有效的，最终才能选择出最有潜力的目标市场。

并不是所有的细分都是有效的

科特勒提醒企业，并不是所有的细分市场的方法都是行之有效的。

科特勒举了一个有关食盐的例子来说明这个道理。食盐的购买者可分为金发的和浅黑发的。但是，头发的颜色与购买食盐毫不相关。而且，如果所有的食盐购买者每月购买等量的食盐，认为所有盐的质量相同，并愿意付相同的价格，那么企业就不能从细分这个市场中获利。

因此，科特勒认为要想使市场细分充分发挥作用，必须具备如下特点：

1. 可衡量性

这就是说，细分出来的子市场必须具有客观性，它的范围清晰可辨，需求量的多少可以测量。而子市场可衡量性的关键，在于用来细分市场的细分依据及细分变量是否可以识别与衡量。例如以人口统计因素为细分依据，以性别或年龄作为细分变量来细分服装市场，各个子市场一般是比较易于衡量的。

2. 可行动性

可行动性是指能够设计有效的方案去吸引和服务划分后的细分市场。譬如，一家小航空公司虽然找出 7 个细分市场，但其员工人数太少，无法为每一细分市场发展出不同的营销方案。

3. 可获得性

所谓可获得性，是指经过细分的市场是企业可以利用现有的人力、物力和财力去获得的。可获得性也有两层含义：首先，细分后的市场值得企业去占领，即市场细分要有适当的规模和发展潜力，同时有一定的购买力，企业进入这个市场后有足够的销售额。如果细分市场规模过小，市场容量有限，就没有开发的价值。其次，细分后的市场，企业是能够去占领的。市场细分的目的是企业能够正确选择目标市场。因此，细分市场必须考虑到企业的经营条件和经营能力，使目标市场的选择与企业资源相一致；否则，通过市场细分所确定的目标市场是企业人力、物力和财力所不能达到从而无法占领的，那么，细分市场就失去了相应的意义。同时，要充分了解细分市场上的需求满足程度和竞争者状况。若市场需求满足程度已饱和，或竞争者已经处于垄断地位而企业又不能战胜对方，这样的市场也无开拓的必要。

4.可收益性

可收益性是指即细分后的子市场的规模与购买力潜量足以使企业收益目标实现。如果细分后的子市场顾客的数量、购买力以及产品的使用频率等指标不高，说明该子市场的潜量不大，难以补偿企业为之付出的生产与销售成本，更谈不上赢利。这样的子市场对企业来说就无实际的经济价值。因此，有效的市场细分必须具有足够的需求规模与潜能，保证企业的可赢利性，使企业的市场经营不断发展和壮大。

轻松小看板

有效市场细分的程序：

(1) 选定市场范围。

(2) 挑选具体的细分变量作为分析单位。

(3) 筛选细分市场。

(4) 分析、估量各个细分市场的规模和性质。

(5) 选择细分市场、设计市场营销策略。

市场细分模式

通过对不同的细分市场进行评估，公司会发现一个或几个值得进入的细分市场。公司必须决定要进入哪几个细分市场。企业要进入的市场就是通常所说的目标市场。科特勒指出企业在对不同的细分市场评估后，可考虑5种目标市场模式。

1.密集单一市场

最简单的目标市场模式是公司选择一个细分市场集中营销。公司可能本来就具备了在该细分市场获胜必需的条件；它可能资金有限，只能在一个细分市场经营；这个细分市场中可能没有竞争对手；这个细分市场可能会成为促进细分市场继续发展的开始。

公司通过密集营销，更加了解本细分市场的需要，并树立特别的声誉，因此便可在该细分市场建立巩固的市场地位。另外，公司通过生产、销售和促销的专业化分工，也获得了许多经济效益。如果细分市场选择得当，公司的投资便可获得很高的报酬。

但是，科特勒提醒，密集市场营销较之于一般情况风险更大。个别细分市场可能出现一蹶不振的情况。或者某个竞争者决定进入同一个细分市场。因此，科特勒建议企业应设法在超级细分市场中营销，而不是在孤立的细分市场中经营。所谓的超级细分市场是指一级有相同开发价值的细分市场。

2. 有选择的专门化

公司采用此法选择若干个细分市场，其中每个细分市场在客观上都有吸引力，并且符合公司的目标和资源。但在各细分市场之间很少有或者根本没有任何联系，然而每个细分市场都有可能赢利。这种多细分市场覆盖优于单细分市场覆盖，因为这样可以分散公司的风险，即使某个细分市场失去吸引力，公司仍可继续在其他细分市场赢利。

3. 产品专门化

公司用此法集中生产一种产品，并向各类顾客销售这种产品。例如显微镜生产商向大学实验室、政府实验室和工商企业实验室销售显微镜。公司准备向不同的顾客群体销售不同种类的显微镜，而不去生产实验室可能需要的其他仪器。公司通过这种策略，在某个产品方面树立起很高的声誉。如果产品——这里是指显微镜，被一种全新的显微技术代替，就会发生滑坡的危险。

4. 市场专门化

市场专门化是指公司专门为满足某个顾客群体的各种需要服务。例如公司可为大学实验室提供一系列产品，包括显微镜、示波器、本生灯、化学烧瓶等等。公司专门为这个顾客群体服务，而获得良好的声誉，并成为这个顾客群体所需各种新产品的销售代理商。如果这个顾客群体——这里是指大学实验室，突然发现经费预算已经削减，它们就会减少从这个市场专门化公司购买仪器的数量，这就会产生滑坡的危险。

5. 完全市场覆盖

完全市场覆盖是指公司想用各种产品满足各种顾客群体的需求。只有大公司才能采用完全市场覆盖策略，例如国际商用机器公司（计算机市场），通用汽车公司（汽车市场）和可口可乐公司（饮料市场）。

大公司可用两种主要的方法，即通过无差异市场营销或差异市场营销，达到覆盖整个市场。

营销经典："鳄鱼恤"的市场细分

香港有名的"鳄鱼恤"以拥有琳琅满目的花色品种、新颖优质的面料和精巧的做工而成名，它的每一种产品都针对不同的目标群，走进"鳄鱼恤专卖店"，你总能从中找出一件你最喜爱的衣服。

鳄鱼恤服装有限公司对消费者进行深入的调查分析，针对不同的消费者生产不同的服装，满足不同人群的需求，他们每生产一件服装，都知道那件服装是生产给哪一类人的。

比如，"鳄鱼恤"的男装就包括了休闲服、高尔夫、上班服三大系列，针对性相当强。

休闲服的色彩明快，既有"鳄鱼恤"的传统风格，又不失其活跃的一面，因而它的穿着对象多是年轻人，其面料舒适天然，感觉宽松自在，是外出旅行的必选之一；货品种类包括了全棉内衣裤、衬衣、T恤衫、袜子、毛衣、休闲西装、休闲裤、夹克衫等。

高尔夫系统以名贵线条和菱形格或"打高尔夫球"的图案为标志，用料讲究，穿着自然而舒适，因为打高尔夫球是一种高尚的运动，深受白领人士的喜爱，所以它的风格为：高尚典雅。货品种类有T恤、夹克衫、毛衣、高尔夫运动裤等。

上班服是专为高级行政人士量身定做的，它精心细致的手工和得体的裁剪、时尚的设计，每一个细节都处理得一丝不苟，正符合高级行政人士的处事风格，因为它表现为传统、典雅、舒适，货品种类有夹克、风衣、大衣、皮夹克、皮大衣、羽绒服、内衣裤等。

针对"白领丽人"，"鳄鱼恤"所表现出的风格为：清丽、妩媚。货品种类应有尽有，上班服有衬衣、T恤衫、西装、西装裙、西装裤、毛衣、毛背心、大衣、皮衣等，休闲系列有衬衣、T恤、休闲裤等。无论是职业女性还是休闲少女，都可以找到适合自己的"鳄鱼恤"服装。

童装系列要分年龄段。"鳄鱼宝宝"指是0～3岁的婴儿全棉装；4～13岁称作"鳄鱼仔"；14～18岁是中童装。

此外，还有各种皮制配包、钱包、皮带、领带夹、胸花、笔、手表等配饰。

鳄鱼恤服装有限公司深深了解，每种顾客都是一个小的细分市场，因此企业在生产前一定要首先进行调查进而细分市场，这也是它能成功的一个重要原因。

案例分析

> "鳄鱼恤"之所以受欢迎，主要原因在于企业采取了有效的市场细分策略，每一个消费者，都可以从这些服装中找到一件自己喜欢的，并发自内心地说："这一件是专为我制作的。"
>
> "鳄鱼恤"的实践也使同行业者意识到一件事情，即世界上没有标准化的消费者，因此也不应该只生产标准化的产品，企业生产每件产品，都应知道它的目标顾客是谁。

营销经典：可口可乐的靶子市场

风行全球110多年的可口可乐公司是全世界最大的饮料公司，也是软饮料销售市场的领袖和先锋。其产品包括世界最畅销五大名牌中的4个（可口可乐、健怡可口可乐、芬达和雪碧）。产品通过全球最大的分销系统，畅销世界200多个国家及地区，每日饮用量达10亿杯，占全世界软饮料市场的48%。

多年来，可口可乐公司一直稳坐世界软饮料市场的头把交椅。当然起决定因素的是可口可乐产品本身独特的配方，但是可口可乐公司良好的市场营销策略也功不可没。

20 世纪 70 年代，可口可乐公司着手开发一个新产品——"休息伴"。"休息伴"的原则应是使用方便、占地不大、可放于任何地方的机售喷射系统装置。为完成这项计划，可口可乐公司特邀德国博世－西门子公司加盟制造这种机售喷射系统装置，同时为"休息伴"申请了专利。研制出的"休息伴"同微波炉大小相似，装满时重量为 29 千克。顾客可以把自我冷却的"休息伴"连接在水源上或是贮水箱上。机器上装有 3 个糖浆罐与"休息伴"匹配，同时还配有一个可调制 250 份饮料的罐体，只要一按按钮，水流就从冷却区流入混合管，同时二氧化碳注入就形成了碳酸饮料。由于每一次触键选定的糖浆量需要配以合适数量的苏打，西门子公司在机器上安装了一个指示灯，在二氧化碳瓶用空时亮灯显示。机器上还装有投币器，在买可乐时，可以投入 5 分、1 角或 2 角的硬币。由于机器输出的饮料只有 0℃，因此也无须另加冰块。

1992 年 7 月，可口可乐公司宣布：该公司在全国范围内的小型办公场所已安装了 35000 个"休息伴"。这种"休息伴"的安装标志着可口可乐公司实现了多年的梦想：办公室工作人员足不出户就可以享用可口可乐饮料。梦想的实现是由于可口可乐公司成功地开发了这种新型可乐分售机，该机的开发经历了 20 多年的研制过程，并在 30 多个国家推广试用，耗资巨大，被产业观察家称为软饮料史上史无前例的一项开发。

可口可乐"休息伴"的出现，标志着市场细分的新趋势和大规模的未开垦的办公市场争夺战的开始。由于咖啡饮用量的减少和人们逐渐喜欢上碳酸软饮料，办公市场对饮料公司来说变得越来越重要了。就像一位产业分析家说的那样："小商标是导致软饮料衰落的部分原因。主要的分销渠道已经饱和，要想增加很少几个销售百分点就得耗用大量资金，而工作场地将是可乐销售的未开垦的巨大市场。"

这种新型的"休息伴"除了对可口可乐公司产生 80 亿销售额的潜在影响外，它显然还会给整个产业界带来某些变化。1986 年，美国每位市民软饮料的年消费量约为 170 升，已经超过了他们的饮水量。然而，在过去的 10 年里，主要的软饮料市场可供进一步开发的细分市场已所剩无几，新型的替代产品发展迅速，市场上充满了新的商标和商标系列。由于软饮料的价格不是整位数，零售商常常以各种理由用自己货架上的其他商品代替找零。结果，软饮料商们发现他们主要产品的市场份额在日益缩减，而其销售成本却在急剧上升。

可口可乐公司继续发展着"休息伴"的细分市场。公司一般将糖浆和二氧化碳气瓶用 UPS（联合邮寄服务）运到顾客身边。然而，公司仍希望发展一种能直接与顾客接触的分送系统。欧洲的瓶递服务为"休息伴"提供了服务。然而，在美国许多瓶递员未能满足公司的要求。因此，咖啡分送员、瓶装水公司和一些小型独立的瓶递组织就提供了最初的服务。

美国的这些服务公司先从可口可乐公司购买机器，将其安装到顾客的工作地点，然后以咖啡和自动售货机类似的方法补充糖浆罐。分销商可选择售价从 800 ~ 1000 美元的机器。可口可乐公司向咖啡分销商推销"休息伴"，使这些分销商提供一种全天的"完全提神系统"，同时软饮料的销售额也弥补了减少的咖啡销量。

"休息伴"3 年的市场试销，使可口可乐公司在分销渠道的设计、市场的细分等方面积累了大量的经验。在试销过程中，可口可乐公司为寻找"休息伴"的最终目标市场，不断改进其细分策略。最初的一项调查表明，将"休息伴"置于 20 人或 20 人以上的办公场地可以获得相当的利润，因此公司欲以 20 ~ 45 人的办公室作为目标市场。然而，这就意味着可口可乐公司将丧失掉 100 多万个不足 20 人的办公室这一巨大市场，显然这一目标市场不合情理。可口可乐公司通过进一步调研、分析，发现小型办公室的数量大有增长之势，并证明对于那些经常有人员流动的办公室，"休息伴"只需 5 人使用就可赢利，加上分销商还可将机器安装在大型办公室里，使得雇员们随时可以得到可口可乐的饮料。

案例分析

市场细分实际上是从经营的角度来分析消费者在需求和购买行为等方面的差别，然后把需求和购买行为大体相同的消费者归为一类，每类就是一个细分市场或"子市场"。这样，就把整个市场分为若干个"分市场"或"子市场"。企业面对错综复杂的市场和需求各异的消费者，不可能满足所有顾客的整体要求，并为其提供有效的服务。所以每一个企业都要在分析市场的基础上进行细分，并选择一部分顾客作为其服务对象。可口可乐的成功在于进行了正确的市场细分，它的细分是具有可量性、可接近性和可实施性的。可口可乐通过一系列营销活动并不断改进，通过市场细分取得了巨大的成就。

第二节

选择市场覆盖战略

评估完细分市场后,企业就要决定选择哪些细分市场,这就是目标市场的选择问题。科特勒在《市场营销原理》一书中把目标市场定义为企业决定进入的、具有共同需要或特征的购买者集合。科特勒认为,企业可以在无差异营销、差异营销和集中性营销三种市场覆盖战略中任选一种。

无差异市场营销

这是指企业在市场细分之后,不考虑各子市场的特性,而只注重子市场的共性,决定只推出单一产品,运用单一的市场营销组合,力求在一定程度上满足尽可能多的顾客的需求。

实行无差异市场营销战略的优点在于:

(1)它比较有效地适用于广泛需求的品种、规格,款式简单并能够标准化的大量生产、大量分销的产品。因而,它可凭借广泛的分销渠道和大规模的广告宣传,往往能够在消费者或用户心目中建立起"超级产品"高大而不可摧的形象。美国可口可乐公司早期就以单一口味的品种、单一标准的瓶装和统一的广告宣传向所有的消费者进行强化生产的销售。

这已成了无差异市场营销战略的典型例证。

（2）它可大大降低成本费用。这是无差异营销战略的最大优点。首先，标准化和大批量生产可降低生产成本、储存成本、运输成本。其次，无差异市场营销的广告等促销活动可缩减促销费用。最后，它不必对各子市场进行市场营销研究和计划工作，又可以降低市场营销研究和产品管理成本。这种战略可充分发挥经验曲线的作用，即当产品生产量和销售量成倍增长时，其成本可下降 20% ~ 30%。

（3）它简单易行，便于管理。单一的市场营销组合便于企业统一计划、组织、实施和监督等管理活动，减少管理的复杂性，易于操作。

虽然，无差异市场营销有上述优点，但对于大多数产品，无差异市场营销策略并不一定合适。首先，消费者需求客观上千差万别并不断变化，一种产品长期为所有消费者和用户所接受非常罕见。其次，当众多企业如法炮制，都采用这一策略时，会造成市场竞争异常激烈，同时在一些小的细分市场上消费者的需求得不到满足，这对企业和消费者都是不利的。最后，易于受到竞争企业的攻击。当其他企业针对不同细分市场提供更有特色的产品和服务时，采用无差异策略的企业可能会发现自己的市场正在遭到蚕食但又无法有效地予以反击。正由于这些原因，世界上一些曾经长期实行无差异营销策略的大企业最后也被迫改弦更张，转而实行差异性营销策略。被视为实行无差异营销典范的可口可乐公司，面对百事可乐、七喜等企业的强劲攻势，也不得不改变原来的策略，一方面向非可乐饮料市场进军，另一方面针对顾客的不同需求推出多种类型的新可乐。

差异性市场营销

差异性市场营销针对不同细分市场，设计不同服务产品，制定不同的营销策略，满足不同的消费需求。如将某自行车的市场划分为农村市场、城市男青年、城市女青年市场等。

通用汽车公司努力为每个"收入、目标和个性"不同的人生产一种汽车。耐克运动鞋多达十几种，适合人们跑步、击剑、健美、骑自行车和打篮球时穿着。这些企业希望在每个细分市场中通过不同的产品和营销战略来提高消费者对公司及其产品系列的整体认同。企业还有望获得更多的忠诚顾客，因为该企业的产品和营销方式能更好地满足每个细分市场的愿望。

越来越多的公司已开始采用差异性市场营销战略，差异性市场营销往往能带来比无差异性市场营销更大的总销售额。宝洁公司靠11种品牌的洗衣粉取得了高于单一品牌的洗衣粉所能取得的市场份额。

差异性市场营销战略的优点在于：

（1）它可以通过不同的市场营销组合服务于不同子市场，更好地满足不同顾客群的需求。

（2）企业的产品种类如果同时在几个子市场都具有优势，就会大大增强消费者对企业的信任感，进而提高重复购买率，从而争取到更多的品牌铁杆忠诚消费者。

（3）它对企业市场经营风险的分散具有重要意义。

（4）它可通过多样化的渠道和多样化的产品线进行销售，通常会有利于扩大企业的销售总额。

不足的是，营销组合策略多样化，可能会影响各种营销组合策略的实际实施效率。差异性市场策略适合一些实力雄厚的大企业。

差异性市场营销能带来比无差异市场营销更大的总销售额，但由于差异性市场营销需要对不同的细分市场采取不同的营销策略，针对不同的细分市场做不同的广告促销，这就导致了营销成本的额外增加，因此，科特勒提醒企业在决定采用差异化营销时，要先衡量一下销售的增长和成长的增长孰轻孰重。

集中化市场策略

这是企业集中力量推出一种或少数几种产品，采用一种或少数几种市场营销组合手段，对一个或几个市场加以满足的策略。企业采取这种策略，主要着眼于消费者需求的差异性，但企业的重点只放在某一个或少数几个细分市场上。这种策略的优点是有利于企业发挥特长，集中力量为某一市场服务，增强竞争力。同时，实行专业营销可以大大节约营销费用，相对提高市场占有率。不足之处是采取这种策略市场风险大。由于只选择一个或少数几个子市场作为目标市场，如果一旦未选准，或者进入时发生变化，将会给企业带来严重的影响，使企业陷入困境。采取这种策略，企业必须密切关注目标市场的变化，以便做出对策，减少经营风险。这种策略适合于一些资源有限、实力不强、不可能分头出击与大企业相抗衡的小企业。对于一些大企业，初进某个市场也可采用此种策略。

集中市场营销策略在实施过程中遇到的最大问题是潜伏着很大的风险性。因为该策略把企业生存、发展的希望全部集中在一个或几个特定市场上，一旦这一目标市场情况恶变，如顾客需求和偏好发生突变或者出现了更大的强有力的竞争对手，就可使企业陷入毫无回旋余地的困境，甚至会面临全军覆没的危险。正因为此，很多企业宁愿选择好几个子市场作为其目标市场，其目的就在于分散风险。

企业在选择市场覆盖战略时，要考虑到许多因素，科特勒指出哪种战略最适合企业营销，主要取决于企业资源、产品差异程度、产品生命周期所处的阶段、市场差异程度以及竞争对手的市场营销战略等因素。

超级链接：空隙营销

有学者在市场差异营销的基础上提出了空隙营销的概念。空隙营销人员把市场细分成比差别化营销人员的细分更细、更混杂的区域。他将市场细分再推进一步。可口可乐公司把它的市场细分成四个单独的空隙：经常饮用可口可乐者、把可口可乐当成日常饮料的饮用者、不含咖啡因可乐的饮用者以及常常饮用不含咖啡因可乐的人。这样，位置营销使组织能向有特殊要求和偏好的购买者提供产品（或产品线）。并且"它对营销来说是一种战略性的方法，正在获得商业和工业产品与服务的营销人员的青睐"。

有创造性的商务营销人员可以找出客户在组合营销的各种元素中可能偏爱的许多变量。他们也认识到，试图要满足所有这些变量既无用处，也会因成本太高而被废止。因此，他们在目标市场上观察现有的和潜在的用户以确定市场是否可以被细分成需要企业能够有效提供并从中获得利益的独特空隙（像以前一样——可测量、相关联并且可操作）。

购销双方共同推进了空隙的形成。由于信息革命、新的技术和金融数据能迅速被传播到世界各地。购买者对可供购买的产品知道得更多，而销售者得到空前的大量市场信息，能够识别出新的需要并建立组合营销来加以满足。

总体上说，空隙营销与差别化营销有着许多共同点，但与客户打交道时，空隙营销的规模更小、更加具体，提供的满意度更快、也更全面，空隙营销能帮助企业获得更大的市场份额和更多的利润。

第三节

市场定位方法

企业应该根据自身的优势找准自己在市场的位置，根据目标市场的消费者的需求定义企业的产品，设计出能够给产品带来最大竞争优势的定位，并根据这个定位设计市场营销组合。

市场整体定位

科特勒给产品定位下了一个定义，即产品定位是消费者根据产品的重要属性定义产品的方法，或者说是相对于其他竞争产品而言，产品在消费者心目中占有的位置。譬如，在洗衣粉市场，汰渍定位为洗涤能力强，去垢彻底；奥克多则定位为"有效漂白"；单夫特则是"婴儿衣物的杰出洗涤剂，并能保护柔嫩的肌肤"。

科特勒认为消费者一般会选择给自己带来最价值的产品和服务，企业应根据自己产品或服务的关键利益进行定位。他介绍了5种产品定位的成功价值方案：高质高价、高质同价、同质低价、低质更低价和高质低价。

"高质高价"指提供最高质量的产品，然后制定更高的价格来弥补生产产品的过程中耗费的生产成本。"同质低价"是生产和竞争对手的产品质量相当但价格更低的产品。"高质同价"则与"同质低价"相反，生产更好的产品制定相当的价格。很多情况下，消费者未必对所有的产品都需要并买得起"最好的"。所以有的时候，"低质更低价"更能满足消费者的需求，"高质低价"当然一定是成功的价值定位，如戴尔电脑公司和宝洁公司都声称自己是这么做的。

产品定位并不是一个单一的概念，完整的产品定位包括 3 个部分，即产品的属性定位、利益定位和价值定位，这三者相互依存，互为补充。

1. 价值定位

顾客在购买产品时，总是为了实现个人某种价值。价值是由产品和服务功能利益组合实现的，不同的顾客对产品和服务有着不同的利益诉求，而利益是由不同的产品和服务属性实现的。价值确定产品和服务带来的利益，利益确定产品和服务的属性。

虽然在表面上，今天的消费者与昨天的消费者购买的是同一类别的产品，但是购买的内容发生了很大的变化。过去他只购买产品属性和产品利益（比如含氟牙膏或防止蛀牙），但是在今天他们常常会购买三种东西：产品属性、产品利益和产品价值（比如"做个好妈妈"），而产品价值的差异化成为定位的最重要内容。例如儿童防蛀牙膏有很多品牌，这些品牌的产品属性和产品利益都是一样的,含氟和防止蛀牙,但是由于佳洁士推出了"好妈妈"这一准确的价值定位，所以取得极大的成功，成为儿童牙膏市场的领导者。

2. 利益定位

价值定位若想取得成功就必须建立在利益定位的基础上。

中华鳖精、马家军一号、生命核能、脑黄金等诸多保健品都有自己的价值定位，诸如让"一亿人聪明起来"，但产品很快就在市场上消失了，其根本原因就在于利益定位的缺失，目标顾客没有感受到这些产品的保健作用。这就如同牙膏没有防蛀功能，你却拼命地叫喊"没有蛀牙，做个好妈妈"的价值诉求，自然不可能成功。

3. 属性定位

产品属性定位很大程度上决定了产品利益定位能否实现。

因此，在研究了顾客或消费者关注和重视的利益之后，还必须具体研究用哪些产品属性来实现这些利益。产品属性是保证产品利益的条件，是生产过程必须考虑的要素，因此在与目标顾客沟通的过程中，常常不必强调产品属性的定位，而是强调产品利益和价值的定位。没有与利益定位相一致的属性定位，产品利益定位无法到位。例如早期色拉油的广告宣传是没有油烟，其实是有油烟的，否则我们就不用购买抽油烟机了，抽油烟机的广告宣传是厨房干干净净，其实抽油烟机抽不了多少油烟，否则我们就不用购买厨房清洗剂了。这些产品的属性都没有实现所承诺的利益。

科特勒认为，产品属性包括：产品的质量、特色和设计。

产品定位方法

定位是针对竞争的，市场定位必须根据竞争的形势随机应变，企业可采取的市场定位类型主要有两种：回避性定位和冲突性定位。

1. 回避性定位

科特勒认为在竞争激烈的市场上，一些实力较小的公司根本无法与实力强大的公司抗衡，在这种情况下，小公司若想立足市场，应寻找被大公司遗忘的市场，这就是我们所说的回避性定位。

回避性定位，又称创新式定位。它是指企业回避与强大竞争对手的产品竞争，以这种策略对产品进行定位，它要求公司宣传产品时，要针对与竞争对手的产品不同的特点，因此，一般这种定位的产品能在顾客心目中留下特别的印象。

例如德国和日本的汽车制造商，就是采取避开与美国制造商在大型豪华车上争夺市场的定位策略，针对服务大众的小型汽车的空白市场定位成功的例子。石油危机后，美国人对节油的小汽车的喜爱不断升级，由此小型汽车在美国拥有了一个广阔的市场，促使德日两国在美国汽车市场上的营销成功。

2. 冲突性定位

冲突性定位企业选择与竞争者相近或重合的市场位置，争夺同样的顾客。由于这种定位的产品，在其价格、分销及促销各个方面上竞争者区别不大。因此企业要冒很大的风险。

但这种定位可以使企业一开始就与强大对手站在同一高度上，更能激发自己奋发上进，一旦成功，就会获得巨大的市场优势。

譬如，1993年AlfaRomeo在强调它的164S型号车就像是一辆BMW，但比BMW的525i更好操作；美国艾维斯租车（Avis）针对最大的租车公司赫兹公司（Hertz），提出"老二主义"的定位（广告强调"当你只是老二时，你更加卖力"），他们结果都成功地获得了巨大的市场优势。

轻松小看板

> 营销者可以遵循以下几个定位战略：
>
> （1）根据产品的特点定位。
>
> （2）根据产品的使用场合定位。
>
> （3）针对竞争对手定位。
>
> （4）根据产品种类的不同进行定位。

适时考虑产品再定位

定位一旦确定之后，并非一成不变。营销人员有时必须为产品、商店或组织本身进行再定位，以改变产品、商店或组织本身在顾客心目中的形象或地位。正像科特勒所说，企业必须不时监督并调整产品定位，以适应消费者需求和竞争对手策略的改变。

产品再定位也可称二次定位或重新定位。它是指企业变动产品特色，改变目标顾客对其原有的印象，使目标顾客对其产品新形象有一个重新的认识过程。

必须指出的是，产品再定位不仅要找出产品初次定位失误的原因，还应该在初次产品定位中寻找合理因素。挖掘这些合理因素，对于产品再定位同样有很大益处。也就是说产品再定位是一个扬弃的过程，它否定初次产品定位中不合理的因素，但这并不意味着要把初次定位的所有因素全部否定。

再定位常常是扩大潜在市场的良好策略。譬如，Kran公司的Cheez牌干酪由销量锐减到销售的大幅回升就要归功于公司将它重新定位为一种快速、方便、微波炉可处理的干酪酱，产品再定位也曾使NutraSweet公司的Equal牌甜味剂的销路好转。"Equal"牌原先被定位为一种好味道的非糖精甜味剂，是泡咖啡和泡茶时使用的一种有营养的甜味剂。后来，为了迎合较大市场的需要，NutraSweet公司的营销人员将Equal重新定位，强调它可作为其他食物中糖的替代品。由此"Equal"的销路扩大，目标消费者也随之增加了。

关于产品再定位，科特勒提醒企业要慎重考虑，因为改变原有的定位要比为一种新产品定位难度大。

进行产品的再定位，一般是在原产品定位的实施过程中产生了困难的时候。一般说来，有以下几种情形：

（1）新产品在投放市场之前，原定位策略就是错误的，新产品在市场上反应平平，销售效果不尽如人意，需要重新审视定位策略，进行产品再定位。

由于传统价值观念影响，人们往往对新生事物有偏见。而技术上的无知以及购买能力的差异，常常使得新产品难以一下子让顾客认可。

所以，企业在进行产品定位时，不能忽视传递价值观念和思维习惯形成的障碍。在"出师不利"时，企业可以转变思维方式，从不同侧面出击，通过改变功能概念的定位来达到营销目的。

（2）产品定位是正确的，但市场上出现了与本产品定位相同或相似的产品。而且竞争对手的实力相对强大，结果导致企业产品的部分市场被侵占，目标市场占有率下降，这时候企业应给产品重新定位，扩大市场占有率。

（3）消费者偏好和需求发生变化。品牌原有的定位是正确的，但由于目标顾客群的偏好发生了变化，他们原本喜欢本企业的品牌，但由于款式、价格等方面的原因，转而喜欢竞争对手的产品；或是随着时代的变迁，消费者的消费观念发生改变，比如消费者原来注重产品的功能，而现在注重其品牌形象。这样的情况下应该进行重新定位。宝洁公司刚进入中国时，旗下品牌"飘柔"最早的定位是二合一带给人们的方便以及它具有使头发柔顺的独特功效。后来，宝洁在市场开拓和深入调查中发现，消费者最迫切需要的是建立自信，于是从2000年起"飘柔"品牌以"自信"为诉求对品牌进行了重新定位。

因为定位实际上是心理上的，是顾客怎样认识一种产品，这是产品在他们心目中的形象。一种认识一旦形成，要改变它就必须付出巨大的代价。

然而，当企业或产品面临困境时，再定位有时是必不可少的。实施再定位的关键一点，是要把改变后的市场形象不断地传递给顾客，改变企业或产品在他们心目中的原有地位和形象。

对产品进行再定位的过程，实际上是再一次地重复定位的步骤。这包括：重新界定营销领域，重新进行市场细分，重新选择目标市场，重新分析竞争对手，重新寻找自己的优势。

但这一过程绝不是上一次定位的简单复制，而是在原先基础上的一次扬弃。在再定位之后，所有的营销传播工具，包括广告、渠道、公关等必须重新整合，以配合定位的改变。

轻松小看板

企业在重新定位前必须要慎重考虑3个问题：

（1）将产品品牌转换到另一个细分市场所需要的费用。该费用包括产品品质的改变、包装费和广告费等。一般来说，再定位离原来位置越远，则所需费用越高；改变品牌形象的必要性越大，所需的投资越多。

（2）产品再定位与新产品初次上市应有不同的内涵。产品再定位是赋予产品全新的生命境界。企业原来的营销计划和目标，以及市场的现实状况是再定位的基础。换言之，企业必须对原来的营销计划和目标与市场现实进行检查，寻找其空隙，然后重新给产品或企业定位，找出弥合空隙的最佳方式。

因此，再定位是市场营销动态过程中的第二周期，它包括了营销过程的每个步骤，是第一轮营销过程的完善和升华。

（3）企业将自己的品牌定位在新位置上能获得多大的收益。

定位于新细分市场能获得收益的大小取决于：

①细分市场的顾客人数。

②这些顾客的平均购买力。

③在同一细分市场内竞争者的数量和实力。

④企业品牌在这个市场部分的销售价格。

重新定位可以进行的基本条件是：至少能确保企业一定量的总利润。

市场竞争战略定位

科特勒认为，为了有效地设计和实施最佳的品牌定位战略，公司必须密切注意竞争对手。

目标市场确定后，企业为了击败竞争者、开拓和占领目标市场，取得产品在目标市场上的领导地位和优势，更好地为目标市场服务，还要在目标市场上给本企业产品做出具体的市场定位决策。根据企业在目标市场上所处的地位，我们可把它们分为领导者、挑战者、追随者和补缺者。现在来看 4 种竞争者不同的定位策略。

1. 市场领导者的定位

处于市场领导者地位的企业，往往在行业内有着比较大的市场占有率，在产品价格变动、新产品开发、市场覆盖率的变化中及销售方式的选择等许多方面起着相对支配或者领先的作用。同时，市场领导者企业也面临着众多其他企业的竞争威胁。因此，市场领导者企业必须保持高度警惕，采取适当的竞争定位策略，以维护自己的竞争优势。

（1）扩大市场需求总量。当一种产品的市场需求总量扩大，收益最大的往往是处于领导者地位的企业，所以促进产品总需求量不断增长，扩大整个市场容量，是领导者企业维护竞争优势的积极措施。一般可通过寻求新的消费对象、开辟产品新的用途或刺激原有消费者群体增加使用量等途径来达到。

（2）维护市场占有率。在市场领导者企业面临的竞争对手中，总会有一个或几个实力雄厚者。要防止和抵御其他企业的扩展，维护自己现有的市场占有率，是市场领导者企业守住阵地的有效竞争策略。一般有两种途径：一是进攻措施，即在降低成本、创新产品、增强薄弱环节主动出击。二是防御措施，即根据竞争的实际情况，在企业现有阵地周围建立不同防线，如构筑企业目前的市场和产品的防线，构筑不仅能坚守企业目前的阵地，而且还能扩展到新的市场阵地，作为企业未来新的防御和进攻中心的防线等。

（3）扩大市场占有率。市场占有率与投资报酬率密切相关。一般说来，企业的市场占有率越高，其投资收益相应就越大。市场领导者企业可以利用经济规模的优势，降低成本，扩大市场占有率。采用这种竞争策略要注意三个问题：引起反垄断的可能性，为提高市场占有率所付出的成本以及采用何种营销组合策略。

2. 市场挑战者的定位

这种策略就是将竞争对手挤出原有位置，并取而代之。一些实力雄厚的大企业，为扩大自己的市场范围，通常会采取这种具有挑战性的策略。企业要实施这种定位策略，必须比竞争对手有明显的优势，提供比竞争对手更加有优势和有特色的产品，并做好大量的推广宣传工作，提高本企业产品的形象和知名度，冲淡顾客对竞争对手产品的印象和好感。

3. 市场追随者的定位

这种策略是将本企业的产品位置确定在目标市场上现有的竞争对手的产品旁边，创造性地进行模仿和改进。一些实力不太雄厚的中小企业大都采用此策略。

采用这种策略的优点有：

（1）企业可仿制并改进竞争对手的产品，向市场销售自己品牌的产品。

（2）由于竞争对手已开发这类产品，本企业可节约大量研究开发费用，降低成本。

（3）由于竞争对手已为这类产品进行推广宣传，开拓了市场，本企业既可节约推广费用，又可减少滞销的风险。

企业决定选择这种市场定位策略的前提是：其一，该市场的需求潜力还很大，还有很多未被满足的需求，并足以吸纳新进入的产品；其二，企业推出的产品要有自己的特色，能与竞争对手的产品媲美，才能立足于该市场。

4. 市场补缺者的定位

这种策略是将企业产品的位置定位在目标市场的空缺处，它不仅避开了市场竞争，不与目标市场上的竞争对手直接对抗，而且在目标市场的空隙和空缺领域开拓新的市场，生产销售目标市场上尚没有的某种特色产品，以更好地发挥企业的竞争优势，获取较好的经济效益。

轻松小看板

在根据市场竞争者的位置进行定位时，企业应避免"竞争近视症"。"竞争近视"导致企业只关注同行业显现的竞争者，而忽视了隐蔽的竞争者，从而造成竞争失败，要预防它，企业必须从识别竞争对手开始，除了同行之间的竞争者外，企业还面临着不同行业之间的相互竞争，这种竞争有两种表现形态。

(1) 某种新行业、新产品对老行业、老产品的挑战。

(2) 看上去毫不相关的行业之间也同样存在隐性而又激烈的市场竞争。这是因为消费者没有要购买的明确目标，但倘若有企业做出吸引人心的促销宣传，消费者就会让手里的钱流到它那里。

"竞争近视"一般就是指企业只看到了同行业中的现实竞争者，而忽视了不同行业间的竞争者的存在。

营销经典：准确定位助美国西南航空公司起飞

美国西南航空公司把自己牢牢地定位成短程、不提供不必要的服务、低价的航空公司。例如，航空公司不提供正餐，只提供花生。所有的飞机上都没有头等舱，只有三人座。美国西南航空公司的航班上没有预订座位这一说，旅客拿到排序的登机卡，先来先得，每30个人一起登机。西南航空公司的飞机飞行时间只有一小时，单程平均费用也只花费顾客76美元。

虽然美国西南航空公司的飞机旅行不那么舒适，但仍有很多旅客热衷于它，这要归功于美国西南航空公司在把旅客按时送到目的地这方面胜过其他。1992年，美国西南航空公司因其最佳的准时服务、最佳的行李托运和最佳的顾客服务，获得美国交通部首届三角皇冠奖，并且又连续5年获此殊荣。十几年来，在准时服务这方面，西南航空公司已经成了行业领导者。

除了以上这些基本方面，美国西南航空公司的稳固定位主要还是因为它准确的定位："不舒适……但却廉价而有趣。"美国西南航空公司是高效低成本经营的典型。事实上，由于价格低廉，美国西南航空公司进入了一个新的市场：它吸引了本来要开车或者坐公共汽车的旅客，从而实际上增加了航空的总运输量。例如，美国西南航空公司推出路易斯维尔至芝加哥航线，单程机票只要49美元，而竞争对手的价格是250美元。结果，两个城市间航空旅客每周总运输量从8000人次增加到了26000人次。

不提供不必要的服务和低价位并不意味着单调乏味。为了使气氛轻松起来，美国西南航空公司加入了另一个定位要素——大量好玩的、健康的娱乐。

美国西南航空公司的雇员会把自己装扮成爱尔兰守护神节的精灵和复活节的兔子，而在万圣节就几乎什么都有。空姐把安全事项唱出来，有乡村音乐、布鲁斯和说唱音乐，让旅客互相做自我介绍，然后再拥抱、亲吻并向对方求婚。他们用这些方法给旅客带来惊喜和娱乐。就连公司首席执行官凯莱赫也曾经化妆成猫王和顾客打招呼。

这个稳固定位的结果是，美国西南航空公司成为美国第四大航空公司。公司成功战胜了几家主要竞争对手的挑战。

案例分析

有关美国西南航空公司的这一案例曾经引起众多营销专家的关注，人们一致认为美国西南航空公司成功的关键在于找到了一个合适的定位。美国西南航空作为后来者，并没有同其他公司展开全面竞争，而是使自己的定位形成竞争优势，由于美国西南航空的低成本，但不舒适的定位适合短途航线，它最终取得了这方面的竞争优势并成为短途飞行之王。美国西南航空公司在坚持低成本定位的同时，在服务上又体现出高质量的原则，使顾客得到了更多的实惠，也得到了广大消费者的认同，企业经营者、决策者在营销观念上不能有先入为主的偏见，不能认为某一种产品只能提供给某一消费群，当你把视野拓展至全体消费者时，你就能找到最佳的市场定位。

营销经典：杜邦企业重新定位

杜邦公司是当今世界上历史最悠久、业务最多元化的跨国科技企业之一，总营业额达 400 多亿美元，在财富全球 500 强大企业中名列前茅，并位居化工行业榜首。

杜邦及其附属机构在全球拥有 92000 名员工，180 余家生产设施遍布全球近 70 个国家和地区，服务于全球市场的食物、营养、健康保健、农业、服装服饰、家居、建筑、电子和运输等领域，为提高人类的生活品质而提供科学的解决之道。

随着市场经济的发展，杜邦公司决定成为一家以科学为基础的可持续发展的公司。

企业形象项目小组的调查显示，杜邦目前在人们心中是一家以发明伟大的原材料，生产传统化学品的"化学公司"。而从 1935 年使用至今的企业口号"生产优质产品，开创美好生活"，关注的是杜邦的产品。为了更好地反映杜邦公司今后发展的方向，杜邦公司决定对其企业的定位进行调整，使其能反映出企业发展策略的转移以及企业形象的改变。

杜邦在科学研究方面有相当长的历史，它是为数不多的被公众认为最具科学实力的公司之一，而且目前杜邦正在将自己发展成为一个增长更快、知识含量更高的公司。杜邦意识到，一个能独特地表述公司精髓的新企业定位，对于加快公司的发展进程极为重要。

因此，杜邦公司特别邀请了四家代理公司为杜邦的新定位进行设计。各相关公司为此做了大量的市场调查，并提出了相应的建议。最后"创造科学奇迹"脱颖而出。

杜邦公司充分认识到，企业的重新定位不仅仅是一个新的企业口号或一个新的广告运动。"创造科学奇迹"这个新定位是一个长期的努力，它独特地描述了公司进一步发展的方向，是杜邦进行企业改革的一个重要部分。

在近 200 年的发展进程中，杜邦一直领先于所处的时代，所创造的科技飞跃成为人类科技进步的里程碑，印证了人们对科学真谛的不懈追求，对人类的生产和生活均产生了革命性的影响。如掀起现代材料大革命的尼龙、20 世纪 20 年代氯丁橡胶的首次合成以及 60 年代莱卡弹性纤维、NOMEX 和凯芙拉高熔点芳香族聚酰胺纤维的发明、80 年代环保农药磺酰脲类的推出、1998 年日服一次的抗艾滋病药 SUSTIVA 的上市。杜邦人用科技的成就及技术的飞跃不断给世界带来科学奇迹。

现在这一新的定位，使杜邦公司的传统和未来得以保持一致，使杜邦公司的战略方向和可持续发展的使命相一致。杜邦在世界各地的员工参加了选择"创造科学奇迹"为公司新定位的决策过程。在"创造科学奇迹"被选定为公司的新口号之前，杜邦在各主要国家，其中包括中国进行了调查，结果显示它为各个地区的员工所喜爱。许多员工说："它反映了公司的发明、创新及我们的未来，令我们作为杜邦一员而感到自豪。"

为了推出企业的新定位，杜邦公司采取了一系列的宣传步骤来配合新定位的实施。最为突出的是在所有的对外宣传活动开始之前，公司首先与员工进行沟通，使每一位员工理解公司的新定位及新的发展方向。除了召开员工会议外，员工通信、公司内部网都刊登了有关的内容。

案例分析

杜邦公司作为一个大型的跨国科技企业，它对自己的再定位不是盲目的，而是进行了一系列的调查、研究，衡量了各方面的因素之后才确立的。随着市场经济的发展，企业的定位不能一成不变，也不能过于盲目，因为再定位比刚开始的定位要困难得多。杜邦企业理解再定位的意义和困难，能辉煌两个多世纪，与它的定位策略密不可分。

第四节

选择合适的市场定位

在现在这个技术高度发达、高度专一的经济时代，科特勒认为企业要当全能冠军几乎是不可能的，因此他建议企业应该朝着某一两个方面发展自己的优势。但科特勒同时提醒企业，并不是所有的品牌优势都是有价值的，因此企业在选择定位时要避免几种错误倾向。

根据潜在优势定位

每个企业都有每个企业的优势，但是我们却不难发现这样一些现象：一些公司喜欢实行从生产材料到产品一整套的生产方式。以前的福特汽车公司就是实行这样的策略。但是科特勒却告诉我们，在现在这个技术高度发达、高度专一的时代，实行这样的策略已经行不通了。原因很简单，现在要当全能冠军完全是不可能的。因此，明智的企业已经开始朝着某一两个方面发展自己的优势，而将无关紧要的生产环节转移给其他企业。

在进入细分市场后，企业必须决定使自己的产品取得什么样的地位。

科特勒指出产品的地位即是"消费者对产品的重要特征进行定义的方法，即与竞争产品相比，本产品在消费者心目中的地位"。这就涉及产品定位的问题，市场定位的核心是突出产品某一方面的竞争优势。

科特勒指出企业可以从产品、服务、人员和形象四个方面的差异使自己的供给区别于其他竞争对手。

1. 产品差异化

产品差异化的概念比较大，但本质含义是相对于同质化或者成本优势而言的一种竞争手段或者产品定位。主要功能是通过产品差异实现消费群体差异。具体表现为：

（1）价格定位差异化。通俗地讲是高中低档商品定位不同，例如普通筷子、一次性筷子和象牙筷子就档次不同，消费群体可明显划分出来。

（2）技术差异化。技术含量的增加在无形中会加大产品的质量。比如有些电磁炉采用双圈加热路线，以达到加热均匀，而其他电磁炉采用单圈加热，受热程度不均匀。

（3）功能差异化。产品的功能在不改变基本使用价值的前提下，通过延伸或附加功能的不同来吸引消费者。国内最经典的产品功能差异化典范是宝洁公司的产品，宝洁在寻找产品差异化时的立足点是头发质量的本身，例如男女性别差异，头发质量差异，头皮种类的差异。由于洗头护发是洗头产品的一项基本功能，产品功能的延伸也是在对头发质量的改善上。飘柔的二合一很显然是给生活节奏忙碌的都市人提供的产品定位，而柔顺体现的心灵关怀在头发上得到了展示；海飞丝是宝洁发现有一些消费者头发有头皮屑而开发的产品；潘婷强调修复功能真实可信；沙宣的发廊级造型有专卖做示范，伊卡璐的小资定位与草本精华功能描述有力。这些实际可见的效果让消费者对这些产品很信任，也可以称作宝洁公司人文细微关怀的体现，纵观国内相同行业的广告，大部分强调原材料的神秘历史和科学技术的先进，给消费者的感觉是虚无缥缈的，当然也得不到信任。

（4）文化差异化。很多时候，购买者购买的不仅仅是一种商品，更是一种情结的释怀或者是向往，这就是商品的文化内涵。采用文化的优势也是商品的特色。例如上海城隍庙的小吃也是小吃，但销售对象的文化取向有差异，唐装也是在销售一种文化。

（5）外观的差异化。外观是一个商品内涵的延伸，也是展示给人的感性形象，如同陌生人见面一样，"一见钟情"会不会由此产生，外观可谓决定因素。例如MP3发展到今天，已经上升为个人的名片、身份的象征，乃至一种精神上的体验，倾注更多的感性元素，因此，外形设计的差异化便成了制胜的一张王牌，愈发受到厂商的重视。

2. 服务差异化

每一种服务都会有一系列的特征而区别于其他产品，其中的一些特征可能是实质性的，另外一些则可能是感觉上的。无论如何，企业必须承认和接受服务产品在顾客心目中已有的形象及其看法，如果试图否认或挑战顾客的已有认识，肯定会造成失败的结局，因此服务的质量必须引起企业的重视。

3. 人员差异化

一位训练有素的优秀营销人员应在销售产品的同时充分展现和提升品牌竞争优势。例如麦当劳员工的谦虚有礼，宝洁公司员工的谨慎认真，迪士尼乐园员工的热情，乐百氏桶装水人员的高素质，这些人员的形象的差异化和与之相关的人员管理使企业全面提升了品牌形象和服务水平，使全面提升产品综合价值与顾客满意度的差异化竞争战略具有强有力的人员和组织保证。

4. 形象差异化

形象差异化即企业实施通常所说的品牌战略而产生的差异。企业通过强烈的品牌意识，借助媒体的宣传，使企业在消费者心目中树立起良好的形象，从而对该企业的产品发生偏好，一旦需要，就会毫不犹豫地选择生产这一企业的产品。企业形象具有不可复制性和排他性，它的形成就是在企业内外形成了对企业看法的定性思维，它很难被外来的思想所转化。同时，企业形象的形成过程是不可能一蹴而就的，需要长时间的积累，因此给企业形象一个鲜明突出的定位是企业实行差异化战略、形成竞争优势的最好选择。如，海尔公司一句"海尔真诚到永远"，并佐以优良的产品质量，自然就会给消费者产生真诚可信的形象。如果说，企业的产品是以内在的质量服务于顾客的话，那么企业的形象差异化策略就是用自己的外在形象取悦于消费者，形成不同凡响的自身特征，更从一个侧面反映了企业经理人的智慧。

轻松小看板

自从哈佛大学波特教授提出的竞争优势思想得到学术界和企业界的广泛认同后，人们开始为寻求可持续竞争优势进行了积极的尝试与探索。学者们从价值链管理、质量管理、组织与过程再造、企业文化、裁员等多方面来阐述企业应当如何建立竞争优势，但是这些努力的根本都在于组织内部的改进，而当这些努力不能以市场为导向，其产品和服务不能被顾客所认同，也就无法建立起企业真正的竞争优势。当企业家们指向企业内部改进的探索并没有获得想象中的成功时，人们开始转向企业外部的市场，即从顾客角度出发来寻求竞争优势。企业只有提供比其他竞争者更多的价值给客户，即优异的客户价值，才能保留并造就忠诚的客户，从而在竞争中立于不败之地。

优势定位的原则

假定企业已很幸运地发现了若干个潜在的竞争优势。现在，企业必须选择其中几个竞争优势，据以建立起市场定位战略。企业必须决定促销多少种优势，以及哪几种优势。

促销多少种优势？许多营销商认为企业针对目标市场只需大力促销一种优势。例如，广告制作人罗泽·里福斯说，企业应为每一种品牌建立唯一的销售主张，并坚持这一主张。企业应给每一个品牌分派一个特点，并使它成为这一特点中的"第一名"。购买者趋向于熟记"第一名"，特别是在一个信息泛滥的社会中。因此，佳洁士牙膏始终宣传它能防止牙齿蛀洞的功能，富豪则宣传安全性能。一些有吸引力的"第一名"品牌有什么特征呢？最主要的是"最好的质量"、"最优的服务"、"最低的价格"、"最佳的价值"以及"最先进的技术"等。企业若着重围绕这其中的一个特点进行宣传，并且坚持不懈，就很有可能因此而闻名。

宣传哪些不同的竞争优势？并不是所有的品牌优势都有意义或有价值。也不是每一种优势都能成为很好的区别因素。每一种优势都有可能在给顾客带去利益的同时增加企业的成本。因此，企业必须仔细地挑选区别于竞争对手的方法。科特勒提醒，一个优势是否值得建立应看它是否能够满足以下几条：

（1）重要性。该差异能给目标购买者带来高价值的利益。

（2）专有性。竞争对手无法提供这一差异，或者企业不能以一种更加与众不同的方法来提供该差异。

（3）优越性。该差异优越于其他可使顾客获得同样利益的办法。

（4）感知性。该差异实实在在，可为购买者感知。

（5）先占性。竞争对手不能够轻易地复制出此差异。

（6）可支付性。购买者有能力支付这一差异。

（7）可赢利性。企业能从此差异中获利。

许多企业所采用的区别因素未能满足这些标准中的一条或几条。例如，新加坡的弗斯汀·斯坦福宾馆在广告中说它是世界上最高的饭店。其实这一特点对许多旅游者来说并不重要，事实上，它还赶跑了许多旅客。宝丽来公司制造的极地梦幻方便家庭电影也失败了，尽管极地梦幻是独一无二的，甚至是占先的，但是它不如另一种吸引人们去看电影的方式：便携式摄像放映机。因此，选择可用来为产品或服务定位的竞争优势是很困难的，但是这些选择对企业的成功至关重要。

避免 4 种错误的定位倾向

定位不当甚至于错误地定位，对产品来说是很危险的。科特勒告诫说，企业在为自己的产品定位时应该避免以下 4 种主要的错误倾向：

1．定位过低

如果企业发现目标顾客对企业产品只有一个模糊的印象，顾客并没有真正地感觉到它有什么特别之处，这种现象就是企业产品定位过低。这种典型的定位失败究其原因就在于企业没有准确地把握消费者最感兴趣的产品的独特属性，或者过于草率地宣传而没有精心突出本企业产品的与众不同，从而给目标顾客留下了"一般"、"不过如此"等的模糊印象。

2．过分定位

企业或产品的营销表现，使购买者对品牌形象的认识过于狭窄，使消费者的需求得不到真正的满足。消费者可能认为蒂万尼公司只生产5000美元的钻石戒指，而实际上，它同样生产900美元的普通戒指。

3．定位混乱

目标顾客可能对企业产品的印象模糊不清，这就是企业产品定位混乱。这种混乱可能是由于奉行多元化经营策略的企业，把过多的精力放在了每一个品牌或每一个品种的定位上，从而忽略了去保持企业产品整体形象的一致性，也可能是由于产品定位变换太频繁所致。

4．定位怀疑

顾客可能很难相信该品牌在产品特色、价格或制造商方面的一些有关宣传。当通用汽车公司的凯迪拉克分部导入悉米路车时，它的定位是类似于豪华的宝马、梅塞德斯和奥迪。该车有军用皮座位，有行李架，大量镀铬，凯迪拉克的标志打在底盘上，顾客们却把它看成只是一种雪佛莱的卡非拉和奥斯莫比尔的菲尔扎组合的玩具车。这辆汽车的定位是"比更多还要多"，但顾客却认为它"多中不足"。

营销经典：特步的差异化定位

2001年，特步公司在充分地分析论证后，开始将企业资源由海外市场转向国内市场。事实上，此时的国内市场竞争已非常激烈，高端品牌有阿迪达斯、耐克、锐步等国际品牌，中间有李宁、安踏、双星等大众品牌。

同时，在三四线品牌阵营中，又有很多数不清的地域品牌。为了生存与进一步发展，特步选择了差异化生存之道。

特步通过科学的市场定位，通过产品差异化、形象差异化、推广差异化这三大策略，一步步迈向成功之路。

特步改变了运动产品的专有属性和冷冰冰的品牌形象，并根据运动鞋的穿着特点，在行业中独家引进国外技术，让每一双鞋有一股淡淡的香水味，起到祛味、除臭的作用。在保证产品品质前提下，特步还在产品用色、设计上大胆突破，每年每季均推出自己的主题概念商品如：风火、冷血豪情、刀锋、圣火、先锋、04好玩，款款个性、时尚，其中的第一代风火鞋创下了120万双的中国单鞋销售奇迹，现在已经发展到第五代。时尚元素融入产品设计当中，在给顾客带去优良产品品质的同时，又满足了消费者对时尚、个性的精神渴求。

特步还是国内第一个采用娱乐营销的体育用品品牌，这非常符合特步作为一个时尚运动品牌的特征。如特步以每年人民币450万元的代价与英皇旗下艺人谢霆锋签约，谢霆锋成为特步品牌代言人和形象大使。谢霆锋在年轻人一代中有非凡的号召力，是"X一代"的核心领导人物，其叛逆、个性、时尚集中体现了特步的品牌特征，此后全国各地谢霆锋的忠实歌迷疯狂抢购特步运动鞋，海报、CD、签名画册曾在全国几度断货。在代言人深度配合方面，特步也成立了专案组与英皇紧密配合，实施跟踪推广。谢霆锋到大陆的每一次媒体见面会，都有特步签售会的身影。几年来，在全国20多个主要城市进行声势浩大的推广活动，使特步品牌形象深受特步目标消费群的认可。

特步从品牌诞生之日起就占据了传播通路制高点，集中在中央电视台进行品牌推广，抢占强势媒介的话语权，并在招商方面获得大举成功。随后特步为产品建设全国销售网络服务，吸引了大批分销商加入特步连锁系统，特步专卖店在全国范围内也迅速地由省份中心城市辐射到二三级城市以及星罗棋布的中国乡镇。央视五套在特步的选择下，后面紧紧跟随了大批运动鞋品牌，高峰时期，曾有30多个品牌在央视五套投放电视广告。在市场网络开发成功后，特步减少了中央电视台广告投放力度，开始有针对性做区域性的媒体投放，包括与湖南卫视的《快乐大本营》、《娱乐无极限》、《金鹰之星》、东方卫视的《娱乐星天地》、光线传媒等娱乐时尚媒介合作推广。

在网站建设方面，特步网站再一次显示了特立独行的品牌主张。特步网站完全基于品牌极致体验、产品完全体验、X文化社区三大功能架构。整个网站与传统的图片、文字堆砌网站不同，用纯 Flash 制作，让消费者感受耳目一新的体验。特步每年用于网络媒介投资预算达到300万元，并时时更新网站内容，引进新游戏，在门户网站上大力推广，其网站浏览量在运动用品品牌中位居前列，正成为"X新一代"的精神家园。

2001年，特步开始进入中国本土市场，短短3年用极快的速度取得了令人惊讶的成绩，2003年销售收入6亿元，2004年的销售收入到达8亿元，如今，特步早已在本土市场上占据一席之地。通过持续创新，特步已将众多竞争对手远远抛在身后，并正由单一时尚运动品牌，升华为蕴含时尚气息的运动品牌，品牌价值也得到理性的回归和升华。

案例分析

市场定位的一个很重要的原则就是差异化定位，即企业要根据自身的优势定位。特步的产品和其他运动品牌的差异性在于它已经不再是冷冰冰的运动产品了，它更加人性化、娱乐化。在功能方面，特步运动鞋起到祛味、除臭的作用。同时特步借助谢霆锋等在年轻人中间有号召力的影视明星做代言人，树立了自己年轻有活力的产品形象。总之，特步富有创新精神的差异化营销及成功的经营实践，对于中国成长型企业的营销实践，有着诸多的借鉴意义。

第三章

企业不仅仅是出售产品本身

——产品策略

第一节

产品整体观念

　　科特勒指出，产品不仅仅是指产品本身，消费者更倾向于把它看作是满足他们需要的复杂利益的结合。营销人员应该通过适当的产品系列和产品组合策略把这种利益传递给消费者，而在产品充斥的零售商货架上，若要吸引消费者购买产品，包装则是第一要素。

产品营销概念

　　科特勒曾指出，产品开发者要从3个层次来研究产品和服务，这3个层次是核心利益、实际产品和外延产品，它们共同构成了产品的营销概念（见下图）。

产品营销概念图

1. 核心利益

产品营销概念最基本的层次是核心利益，它为顾客提供最基本的效用和利益。科特勒认为，核心产品提出了这样的问题：购买者真正想要购买的是什么，消费者或用户购买某种产品绝不仅仅是为了获得某种产品的各种构成材料，而是为了满足某种特定的需求。比如，人们买汽车不是为了买汽车本身，而是为了通过汽车的功能运输或交通。核心产品向人们说明了产品的实质，企业市场营销人员在推销产品时，最重要的是向顾客说明产品实质。应当指出，服务本身也是产品。这种产品的实质是通过一种特定的服务来满足特定的需求。例如旅游服务是为了满足人们观光、游玩的需要等等。

2. 实际产品

实际产品即产品的基本形式，营销人员必须把消费者需要的核心利益转为实际产品，它是目标市场消费者对某一需求特定满足形式。科特勒指出产品形式一般通过质量水平、产品特色、款式、包装和商标 5 个特征表现出来。仍以汽车为例，人们在购买汽车时还要考虑产品的品质、造型、颜色、商标等因素。服务产品也有产品形式，如人们在旅游时，不但需要观光、购物，而且需要旅行社提供满意的导游服务。

3. 外延产品

外延产品即产品的各种附加利益的总和。通常指各种售后服务，如提供产品使用说明书、保证、安装、维修、送货、技术培训等。在日益激烈的竞争环境下，扩大产品给顾客带来的附加利益，已成为竞争的重要手段之一。许多资料表明新的竞争并非公司在其工厂中生产的部分，而在于附加在包装、服务、广告、顾客咨询、资金融通、运输、仓储等附加产品上，因此，能够正确发展附加产品的企业必将在竞争中获胜。

基于产品的三大层次，科特勒认为消费者更倾向于把产品看作是满足他们需要的复杂利益的结合。因此，科特勒建议，为了能创造出最大的满足顾客要求的利益组合，营销人员应该先确定核心产品，然后再设计出实际产品和外延产品。

另外，在 2006 年出版的《营销管理》一书中，科特勒把产品的层次扩展到 5 个，即核心利益、实际产品、期望产品、附加产品和潜在产品。

期望产品指的是消费者消费之前希望的一组产品和属性，潜在产品则是指产品会实现的全部附加产品和将来会转换的部分。从概念上来说，我们可以把期望产品归为核心利益，而潜在产品则属于附加产品部分。

在产品的整体概念中，随着生活水平的提高、消费的升级，企业市场营销的重点逐渐由内层转向外层。过去人们购买产品时看重的是它的使用价值。今天，消费者已不仅仅满足于产品品质的优良、款式的新颖，而更看重这件产品的使用所带来的心情愉悦。可以预料，产品概念的外延还将会随着社会的进步、消费需求的发展而进一步扩展，企业所提供的附加服务与利益在现代市场竞争中的地位也愈加重要。

轻松小看板

产品同质化是目前市场的普遍现象，同质化决定了产品核心利益的无差异性，企业靠核心利益获得竞争优势的时代已经过去。如果企业要创造独特的利益优势，可以从 4 个方面入手：

(1) 解决顾客的相关问题。

(2) 降低顾客的风险和成本。

(3) 满足顾客在成本之外的需求。

(4) 提高顾客满意度。

产品三大属性

科特勒指出，产品或服务传递给消费者的利益即产品的核心利益层，主要是通过产品的三大属性提供给消费者的，它们分别是质量、特色和设计。

1. 产品质量

质量是产品的一个重要属性，也是产品差异化的一个重要因素。产品品质有两个要素，即水平和一致性。营销人员首先要选定一个可以支持其产品在目标市场中的定位的质量水平，包括产品的整体耐用性、可靠性、精确性、容易操作和维修，以及其他有价值的属性。

除了质量水平之外，高质量指高度的质量一致性，也指无缺陷及提供特定质量水平的一致性。所有厂商都应努力追求高度的质量一致性。譬如，一个普通冰箱的质量水平固然比不上海尔冰箱，但是普通冰箱的质量一致性也可以和海尔冰箱一样好。

质量必须从消费者的角度来评估和确定，也就是说，营销学刻画的是"市场驱动质量"，而不是"工程驱动质量"，即是适用质量，而不是性能质量。科特勒这样定义产品的质量：产品质量是指符合标准质量，即没有产品缺陷，以及目标性能质量标准的前后一致性。为此，科特勒特别强调，企业的产品不一定要追求最高质量，但质量必须反映出消费者对其认可和接受的程度。也就是说，凡是对消费者来说没有起到相应作用，或者是对消费者来说没有体现出合理的消费价值的产品质量，无论是符合哪种质量标准的产品，都是无意义的。

2.产品特色

产品特色是产品区别于其他企业产品的工具。大多数的产品都可在原始的产品之外，添加一些额外的特性，以满足不同顾客的需要，增加产品的吸引力。譬如，一部洗衣机除了基本的功能之外，生产商通常可依据顾客的需要提供全自动、半自动等可供顾客选择的特性。

科特勒认为，抢先推出一种有用并有价值的新特色是最有价值的竞争方法之一。

3.产品设计

独特的产品设计也可增加顾客的消费价值。科特勒认为，不能把设计与式样混为一谈，事实上设计是超过式样的。式样只描述产品的外观，强调让人看起来赏心悦目而已，但不一定会增进产品的功能。在某些情况下，式样甚至可能中看不中用，会削弱产品的功能。但产品设计不但重视产品的外观，也重视产品的用途。良好的设计可以增加产品的美观，使产品更能吸引注意，增强产品的功能，有时还能降低成本，并可向顾客传达较高的产品价值感，让产品在目标市场中具有更大的竞争优势，是产品差异化的重要工具之一。

轻松小看板

马克·佩里博士在总结若干学者的观点之后认为，产品属性包括内在、外在、表现和抽象 4 项内容。

（1）内在属性指产品的物理组成。

（2）外在属性指不是产品物理组成部分，且可以在不使用的情况下进行评估的属性，包括品牌、包装、服务和价格等内容。

（3）表现属性指产品发挥作用的方式，只有通过使用才能对其进行评估。评估的方法有主、客观两种。

（4）抽象属性指将多种属性包含的信息集合在了某一种属性当中，包括加权多种属性、用户意向属性和使用情境属性。

产品系列和产品组合决策

产品系列决策

产品系列又称产品线，是指技术上和结构上密切相关的一组产品。

科特勒认为，产品系列决策最主要的是产品系列长度。产品系列长度是指产品系列中产品项目的多寡。如果增加一些产品项目可以提高整个产品系列的利润，可能表示产品系列太短；如果减少一些产品项目可以提高整个产品系列的利润，可能表示产品系列太长。

如何才是产品系列的适宜长度，要看公司的目标而定。如果想要成为一个产品系列齐全的公司，或者要求较高的市场占有率和市场成长率，那么产品系列的长度通常就该长一点，即使有些产品项目未达到适当的利润水平可能也在所不惜。如果公司比较重视短期获利率，或较不在乎公司在产业中的市场占有率，那么产品系列就可短一点，通常只要包括那些较赚钱的产品项目就行了。

另外，产品系列长度也常会因产品生命周期的演进而有所变化。在产品成长阶段，由于市场成长快速，但竞争逐渐激烈，为扩大市场占有率，往往需要增加产品项目，使产品系列增长，一直到成熟期、衰退期以后，由于市场饱和，利润减少，产品项目会逐渐减少，使产品线愈来愈短。

科特勒提醒企业要注意管理产品系列，对此，他提出了两种增加产品系列长度的方法，产品系列延伸和产品线填补。

1．产品系列延伸

企业的产品线通常只在某个范围内扩展。产品线延伸意指加长产品线，使其超出现有的范围。

科特勒指出产品线延伸有向下延伸、向上延伸和双向延伸等3种不同的方式。

（1）向下延伸。企业决定将其产品线向下延伸，在市场上推出比较低端的产品。其原因包括：

①高端产品受到攻击，因此决定以牙还牙，发展较低端的产品。

②发现较低端产品的成长速度较快，因此决定向下延伸。

③企业原先发展高端产品只是要树立品质优良的形象，因此一旦时机成熟，就向下延伸产品线。

④企业增加一些较低端的产品，以弥补市场防线上的漏洞，避免吸引新的竞争者进入市场。

但是，向下延伸会使企业面临一些风险：

可能会使原来高端产品的市场更加缩小；

可能促使竞争者转向高端和新产品的开发；

中间商可能不愿意经营低端的产品。

（2）向上延伸。企业原来生产低档产品，后来决定增加高档产品。主要原因包括：

①高档产品畅销，销售增长较快，利润高。

②企业估计高档产品市场上的竞争者较弱，易于被击败。

③企业想使自己成为生产种类全面的企业。

采取向上延伸决策也具有一定的风险，表现在：

①可能引起生产高档产品的竞争者进入低档产品市场进行反攻。

②顾客可能不相信企业能生产高档产品。

③企业可能需要培训或物色新的销售人员。

（3）双向延伸。原先定位于中档产品市场的企业掌握了市场优势以后，决定向产品大类的上下两个方向延伸，一方面增加高档产品，另一方面增加低档产品，扩大市场阵地。

2．产品线填补

另一种增加产品系列长度的方法是产品线填补。填补是指在现有的产品系列范围内增加新的产品项目，但科特勒提醒企业，采取这种方法时，要确定新产品与原有产品明显不同，否则会导致企业产品自相冲突并会使顾客感到迷惑。

产品组合及其评估

产品组合也称产品搭配，是指一特定厂商所销售的所有产品线或产品项目。

科特勒指出产品组合的四大要件：广度、长度、深度和相关性。

产品组合的广度是指公司拥有的产品线数目，长度是指公司所销售的产品项目的总数，深度是指产品线中每一产品有多少种变形，相关性则是指产品组合中各产品线在最终用途、生产技术、分销渠道或其他方面的关联程度。

产品组合的这四个因素有助于公司的产品策略。公司可从四方面来扩展其业务：

（1）公司可增加新产品线，因而增加产品组合的广度，使新产品线借助公司其他产品线的声誉而有可能兴盛。

（2）公司可以加长目前的产品线，成为产品线更完整的公司。

（3）公司可增加各产品的变形，以加深其产品组合。

（4）公司可追求较关联或较不关联的产品线，这要根据公司是否要在单一领域或在若干领域中建立强有力的声誉而定。

轻松小看板

消费者的需求不是一成不变的，企业只有适时调整产品组合，才能有效地开拓和扩大市场，一般来说，产品组合的调整方法主要有：

(1) 改良现有产品。

(2) 开拓现有产品。

(3) 淘汰现有产品。

(4) 开发全新产品。

包装和标签是产品的视觉语言

科特勒认为，越来越激烈的竞争和零售商货架上日渐拥挤杂乱的局面，意味着包装现在必须担负起许多销售职责——从吸引人们的注意到描述产品，再到促成销售。

1. 商品包装

商品包装是指产品的容器和包扎物。商品包装与装潢是实现商品使用价值、吸引消费者欲望、树立产品和企业形象、促进市场竞争、增加商品价值的重要手段，被誉为"不说话的推销员"。科特勒认为，包装已经成为一项非常重要的产品营销工具，是产品的一部分。

在现代市场经济下，商品包装是一种"视觉语言"，它通过一定的形（状）、色（泽）、质（地），用理想方式快捷、准确、有效地传达商品信息，沟通消费者、生产者、经销者之间的联系，达成商品交换的目的。因此，应改变传统的商品包装只重视装潢（即重视外表的装饰美化），而不重视包装功能性表现的设计思想，重视采取商业摄影、高度写真为包装的主要形式，再现商品特性，同时辅之以绘画、高度简化、巧妙夸张的艺术手法，使商品包装获得千差万别的视觉效果。

科特勒认为，随着市场上产品种类的日益增多，一位顾客在超级市场中每分钟可以见到 300 种商品，并且他的购买行为有 3% 是出于一时冲动，包装在此时几乎相当于一个"5 秒钟商业广告"。

因此，为新产品设计包装时，企业应考虑到各种因素，从而做出多种决策。

科特勒指出，设计产品包装首先要做的就是建立包装概念。科特勒所说的"包装概念"是指企业要确定包装应为产品做些什么，确定新产品包装的主要作用是什么，是产品保护还是介绍产品的使用方式，等等。根据企业不同的包装概念，有以下几种包装策略可供企业选择：

（1）便于携带、方便使用。消费者购买的是商品的核心利益，即使用价值，因此，商品的包装要首先考虑消费者携带、使用方便。如果产品包装很难打开，消费者怕麻烦就不愿买，结果企业失去大批现有的和潜在的顾客。

为了商品的使用方便，包装要大小适宜。对旅游食品、饮料，应一人一次能用完为宜，对开包后易挥发、易变质且用量又不大的商品，包装不宜太大。为便于携带，有的商品包装应设计成带提手的，比较坚硬结实的包装或盒装。

（2）要具有审美价值。商品包装也能反映一个企业的生产水平、文化艺术和科学文明水平，因此包装设计要外形新颖，色彩明快，具有装饰性和观赏性，使顾客看后有美的感受。特别是礼品包装，要美观大方，具有较强的艺术性，以增加商品的名贵感，从而达到宣传商品、扩大销售的目的。

（3）重复使用包装。重复使用包装是将原包装里的商品用完后，其容器再做别的用途。这种包装策略，一方面可以增加消费品的使用价值，另一方面因包装上有商标，可起到商品营销的作用，引起消费者重复购买。

（4）附赠品包装。这种包装方式由于赠品的附加而引起消费者的购买欲望。在儿童消费为主的市场，这一策略效果尤为显著，如在包装盒内附有连环画、人物彩色照片、集字图、小动物模型、小玩具以及赠品券等，极易引起儿童的兴趣，从而形成忠诚的儿童消费群。

2.标签

标签是指附着或悬挂在产品上和产品包装上的文字、图形、雕刻及印制的说明。为了限制冒名顶替，防止欺蒙顾客，企业通过标签把包装内产品的数量如实地告诉消费者，便于消费者借以进行价值的比较，做出最佳选择。产品标签的内容包括：①制造者或销售者名称和地址；②产品名称；③商标；④成分；⑤品质特点；⑥包装内数量；⑦使用方法及用处、编号；⑧贮藏应注意事项等。

科特勒提醒企业，制作标签时要注意它能发挥哪些作用，最低限度也要方便消费者识别产品或品牌。另外，企业必须保证它们的标签已包含了所有必要的信息。

轻松小看板

不合格的食品包装会影响消费者的身体健康，因此企业的食品包装应该注意它的包装是否符合以下标准：

(1) 食品用塑料包装袋作为外包装要有中文标志、标注厂名、厂址、产品名称，并在明显处注明"食品用"字样，产品出厂后应附有产品检验合格证。

(2) 食品用塑料包装袋必须无异味。

(3) 食品包装袋不应是有颜色的塑料包装袋。

(4) 由于包装仪器的塑料袋具有不易降解的特性，会造成环境污染，因此，建议企业采用纸包装。

营销经典：罗林洛克以包装取胜

美国啤酒市场因为竞争加剧的消费下降，啤酒企业生存变得越来越艰难，加上安豪斯·布希公司和米勒公司等巨头占据的市场份额越来越大，很多规模较小的啤酒企业纷纷出局。

但在这个时候，出产于宾夕法尼亚州的罗林洛克啤酒却取得了成功。开始，由于资金有限，广告预算不足，该公司只得在包装上下功夫，决心把包装变成广告牌。

不久，在美国啤酒市场，一种绿色长颈瓶的啤酒用它独特的外包装吸引了众多的啤酒爱好者。消费者认为它看起来很上档次，有些人以为瓶子上的图案是手绘的，它独特而有趣，跟别的牌子不一样。人们愿意将它摆在桌子的显眼处。啤酒的包装箱上印有放在山泉里的绿瓶子，十分诱人。

这就是罗林洛克啤酒，它的外包装留给人们美好的印象。

虽然，罗林洛克啤酒在生产工艺流程和质量上根本就没有能力同米勒等大的啤酒厂家较劲儿，但它那好看的绿瓶子却让它的一切劣势都被掩盖了。

正是这令人过目不忘的外在形象帮助罗林洛克啤酒在竞争激烈的美国啤酒市场中，从摆脱困境，到站稳了脚跟，最后走上了飞速发展之路。营销专家约翰·夏佩尔是这样评价的："在罗林洛克啤酒的营销策略中，包装策略发挥了关键性的作用。"

案例分析

我们知道新颖独特的包装可以传达产品的属性和定位，可以引起消费者购买和试用的欲望，可以通过视觉刺激提升产品知名度。

罗林洛克正是看到了这一点，才使得它以其外在的形象在美国市场上站稳了脚跟。因此，经营者千万不能忽视包装。当然，仅仅有包装是不够的，但如果没有吸引人的包装，随便罗林洛克啤酒的质量再好，也很快会被米勒等大的啤酒厂商挤到一个无人注意的角落，根本谈不上发展。

第二节

品牌浓缩了一切

　　品牌之所以在消费者的心目中占有着重要的地位，科特勒有他自己的看法，他认为品牌暗含着产品与顾客之间的关系，暗示着顾客所期望的一组特质与服务。品牌最大的好处在于使消费者在成千上万种产品中购买自己的产品。而品牌的成功又取决于营销人员如何将它根植于消费者的头脑中。

品牌的作用

　　高质量的产品利益和产品属性可以成就一个好的品牌，而品牌除了可以将产品与其他同类产品相区别外，更重要的是它已经成为产品质量的象征。现代市场竞争往往是通过品牌来体现的，品牌就是企业的信誉，是企业赖以生存的基础，是企业市场竞争能力的综合表现。

　　在科特勒看来，营销的最高境界是品牌经营。科特勒认为，"耐克"品牌的最成功之处是让激动与成就感附着于产品之上，拥有"耐克"的顾客会有成就感，这就是品牌的力量。

　　科特勒认为，消费者在选择商品时，往往比较的就是品牌，品牌浓缩了一切，品牌集中了一切。随着产品的不断丰富，消费者对品牌的依赖也会随之加强。

为什么说品牌浓缩了一切？我们从三方面来看。

1. 从消费者角度看

（1）识别功能。品牌可以帮助消费者辨认出品牌的制造商、产地等基本要素，从而区别于同类产品。

（2）导购功能。品牌可以帮助消费者迅速找到所需的产品，从而减少消费者在搜寻过程中花费的时间和精力。

（3）降低购买风险功能。消费者都希望买到自己称心如意的产品，同时还希望能得到周围人的认同。选择信誉好的品牌则可以帮助降低精神风险和金钱风险。

（4）契约功能。品牌是为消费者提供稳定优质产品和服务的保障，消费者则用长期忠诚的购买回报制造商，双方最终通过品牌形成一种相互信任的契约关系。

（5）个性展现功能。品牌经过多年的发展，能积累独特的个性和丰富的内涵，而消费者可以通过购买与自己个性气质相吻合的品牌来展现自我。

2. 从企业角度看

（1）品牌是产品竞争的有力武器。品牌与产品形象、企业形象密切相关。一个好的品牌是提高企业声望、扩大产品销路的"开路先锋"，是参与市场竞争的好帮手。美国的"可口可乐"、日本的"东芝""松下"等产品之所以在世界上畅销不衰，靠的都是响当当的品牌。

（2）品牌有助于产品促销。好的品牌，稳定并逐步扩大企业产品销路，如江苏"红豆"衬衣畅销国内外市场，靠的就是品牌。另外，品牌对新产品上市有极大帮助作用，消费者更容易接受已有良好声誉的品牌。

（3）注册商标受法律保护。经过注册的商标具有严格的排他性，注册者有专用权。一旦在市场上发现假冒商品，注册企业可依法追究、索赔，保护本企业利益不受侵犯。

（4）品牌有助于监督、提高产品质量。企业创立一个品牌，要经过长期不懈地努力，才能在消费者心目中树立牢固的信誉，要维护品牌形象，必须不断巩固和提高产品质量。因此，品牌是企业自我监督的一种重要手段。

（5）品牌资产形成。好的品牌是企业宝贵的无形资产，具有极高的价值。在企业内部，品牌对于提高员工的凝聚力，增加其自豪感，调动员工的创造性和工作热情有着不可估量的作用。根据估计，可口可乐的品牌价值就有 390 亿美元。

3. 品牌的社会效应

（1）聚合效应。名牌企业或产品在资源方面会获得社会的认可，社会的资本、人才、管理经验甚至政策都会倾向名牌企业或产品，使企业聚合了人、财、物等资源，形成并很好地发挥名牌的聚合效应。

（2）磁场效应。企业或产品成为品牌，拥有了较高的知名度，特别是较高的美誉度后，会在消费者心目中树立起极高的威望。企业或产品吸引消费者，消费者会在这种吸引力下形成品牌忠诚，反复购买、重复使用、对其不断宣传，而其他产品的使用者也会在品牌产品的吸引下开始使用此产品，并可能同样成为此品牌的忠实消费者，这样品牌实力进一步巩固，形成了品牌的良性循环。

（3）衍生效应。品牌积累、聚合了足够的资源，就会不断衍生出新的产品和服务，品牌的衍生效应使企业快速地发展，并不断开拓市场，占有市场，形成新的品牌。例如，海尔集团首先是在冰箱领域创出佳绩，成为知名企业、知名品牌后，才逐步将其聚合的资本、技术、管理经验等延伸到空调、洗衣机、彩电等业务领域。

（4）内敛效应。品牌会增强企业的凝聚力。比如中国的联想集团、以民族品牌为号召的四川长虹等，它们的良好形象能形成一种企业文化和工作氛围。名牌的内敛效应聚合了员工的精力、才力、智力、体力甚至财力，使企业得到提升。

（5）宣传效应。品牌形成后，就可以利用名牌的知名度、美誉度传播企业名声，宣传地区形象，甚至宣传国家形象。比如，宝洁公司的知名产品飘柔、海飞丝等，人们因为了解这些产品而认识了宝洁公司或者说加深了对宝洁公司的认识。

（6）带动效应。名牌的带动效应是指名牌产品对企业发展的拉动，名牌企业对城市经济、地区经济甚至国家经济具有强大的带动作用。名牌的带动效应也可称为龙头效应，名牌产品或企业像龙头一样带动着企业的发展、地区经济的增长。另外，品牌对产品销售、企业经营、企业扩张都有一种带动效应，这也是国际上所谓的"品牌带动论"。

（7）稳定效应。当一个地区的经济出现波动时，品牌的稳定发展一方面可以拉动地区经济，另一方面起到了稳定军心的作用，使人、才、物等社会资源不至于流走。

选择组成品牌的元素

科特勒在其《营销管理——分析、计划、控制》一书中将品牌定义为："一个名字、名词、符号或设计，或是上述的总和，其目的是要使自己的产品或服务有别于其他竞争者。"

简单地说，品牌是由名称和标志两部分构成的。

品牌名称是品牌中直接可以呼叫的部分，它的基本功能是将不同产品区别开来，如自行车的"永久"牌、"凤凰"牌等。一个好的名称是产品的"点睛之笔"，能够赋予产品丰厚的文化价值。"红豆"服饰的名称取自于中国古诗"红豆生南国，春来发几枝？愿君多采撷，此物最相思"，从而给平常的产品赋予了浓厚的文化内涵，勾起了无数游子的思乡之情，在消费者的心目中留下了深刻的印象。品牌标志是品牌中易于识别但无法呼叫的部分，包括记号、颜色、图案等。例如，"可口可乐"几个英文字母的专门设计图案。金色拱形也是一例，它代表了麦当劳餐厅，从美国奥林匹克代表队到小型的垒球联盟队，在麦当劳赞助的运动队队服上都能看到它的踪迹。

除了名称和标志外，品牌元素还包括网站地址、特征、代言人、口号、包装和记号等，所有能鉴别并且使品牌有差异的元素。

1. 品牌元素选择准则

（1）有意义，能显示有关产品的优点，包括用途、特性与品质。

（2）可简短记忆，如品牌名称要易于拼读、发音、辨认与记忆。读时无不和谐音调，令人有欣悦之感，并且只有一种发音方法。出口商品品牌名称更应力求选择可用多种语言发音的字。

（3）要有特色，与其他品牌有显著的差异性。

（4）可适应，应有充分的伸缩性，使品牌形象永远年轻。

（5）可保护，易于申请注册登记，以便得到法律保护。

（6）可转换，在相同或不同的种类里，品牌元素都能用来介绍新产品。

2. 品牌名称的选择

（1）个别品牌名称。即企业在不同的产品上使用不同的品牌名称，如五粮液酒厂就是采用这一策略。这种策略的好处是：将单个产品的成败与企业的声誉分开，不至于因某个产品的失败而影响企业的形象；企业推出较低档次的产品时，也不会影响较高档次产品的名声；企业可以为每个新产品寻找最恰当的品牌名称以刺激、吸引顾客。它的缺点是企业要为各个产品分别进行品牌名称的设计、宣传工作，费用支出较大。企业产品数量较多时，采用这种策略也不便于加强品牌管理。

（2）统一品牌名称。即企业所有产品都使用同一个品牌名称，如娃哈哈集团、东芝等都是采用这一策略。这一策略的优点是：能够节省将新产品推入市场的费用，特别是节省大量的广告费用；当企业的品牌是知名品牌时，新产品能顺利地为顾客所接受，迅速地打开市场。但在企业的产品存在明显差异如质量差异时，不宜采用这种策略。

（3）分类品牌名称。企业采用这一策略是因为：

①企业生产经营许多不同类别的甚至截然不同的产品，必须使用不同的品牌名称以免相互混淆。如美国史威夫特公司生产火腿和肥料这两大类产品，就分别使用"普利姆"和"肥高洛"这两个不同的品牌名称。

②企业生产经营的虽是同一类产品，但存在着明显的差异如质量

差异，对不同质量水平的产品也要使用不同的品牌名称。如美国大西洋和太平洋茶叶公司经营的一级品、二级品和三级品的品牌名称分别为AnnPage、Sultana 和 Iona。

（4）企业名称和单个产品名称结合。在新产品品牌名称前加上企业名称，可使新产品利用企业的声誉，而单个的品牌名称又体现出企业不同产品各自的特色。如春兰集团生产的摩托车使用的品牌名称为"春兰虎"、"春兰豹"。

建立品牌的正面联想

提到麦当劳，消费者就会把它与其创始人 Ronald McDonald 联系起来，与它的象征金字牌楼的门面联系起来，与其服务的消费对象——孩子们联系起来，与其整洁有效的工作联系起来，甚至可以同汽车、食品和电影院联系起来。

品牌联想不仅存在，而且具有一定的力量。消费者积累了许多次视听感觉和使用经验后，会加强同商标的联系。

在建立品牌联想时，企业应该注意把品牌的负面联想降到最低。同时，科特勒还提醒到，建立正面的品牌联想要注意差异化，才能从中获利。如果麦当劳的联想和其他竞争品牌相同，那它的品牌便会毫无价值。

科特勒认为，若试图为品牌建立起多元的正面联想性，企业应该考虑可以传递正面联想的 5 个方面，即特质、利益、公司价值、个性和使用者。

1. 产品特质

品牌首先使人联想到产品的某种属性。如一提茅台酒就使人想到工艺完备、昂贵、酒香浓郁、口感醇厚、尊贵等。企业可以采用一种或几种属性为产品做广告，如茅台酒一直作为"中国酒中极品"的形象出现在市场上。

2. 产品利益

顾客买产品，最终目的不是购买产品的某一属性而是要获得某种利益以满足自身需求。属性需要转化为功能性或情感性的利益。"昂贵"的属性可以转化成情感性利益，如"这种酒使我感觉地位高并受人尊重"；"工艺完备"的属性可以转化为功能性利益，如"这种酒饮用起来会很安全"。

3. 公司价值

品牌也能够体现一部分生产者的价值。例如，茅台酒代表着高技艺、声望、自信及其他东西。品牌营销人员必须对此加以分辨，确定对此感兴趣的用户群体。

4. 产品个性

品牌也能反映一定个性。如果品牌是一个人、动物或物品，会使人联想到什么呢？如一位老者、一头白象或一座古老庄严的殿堂，而这种联想的衍生物是否符合用户的审美观，也影响到顾客购买行为。

5. 产品使用者

品牌还暗示了购买或使用产品的消费用户特征，即使用某品牌的用户是什么类型的人。当这种暗示在社会上形成风气与公论，则会吸引更多具有或希望具有此种特征的用户来购买。

所有这些都说明品牌是一个复杂的概念，因此，营销人员在设计品牌时不能只是仅仅设计一个名字，而是要制定一整套的品牌含义。当人们可以从5个方面识别品牌时，这个品牌就是一个深度品牌，否则只是一个浅度品牌。如茅台酒是一个深度品牌，因为我们可以从5个层次去理解它、认知它。

科特勒认为，只要品牌名称能在顾客心中产生正面的联想，那么这种品牌便可称得上是强势品牌。

营造品牌的价值主张

价值主张是指针对能带来利润的潜在顾客，企业了解顾客的需求，进而为顾客提供独特的产品或服务。

科特勒认为，由于公司资金的限制和专精于某一事物会降低专精于其他事物的可能性，结果造成世界上不会有样样精通的公司，就好像如果公司为节约成本而大量生产同一种标准的产品，那么它就无法满足顾客的个人化需要。

科特勒认同迈克尔·特里西和弗雷德·维尔斯玛的"价值训练"概念，即在一个产业中，某公司可能是"产品领导者"、"操作优异的厂商"，或是"为顾客着想的厂商"。

一个公司要想在这三方面都达到最佳表现是很困难的，甚至只在其中两方面达到最佳也很困难。大部分公司都无法在每件事上力压群雄，因为它们缺少足够的资金和经历。不但如此，这三种价值训练需要不同的管理制度与态度，而且它们之间经常互相冲突。

科特勒认为在这三种价值训练中选择一种，力求做到最佳就是品牌定位的核心。

1. 特定定位和价值定位

关于特定定位和价值定位我们已经在"产品定位"中有过详细介绍，这里略过。

2. 为产品选择全价值主张

科特勒认为，每家公司都必须能够回答顾客提出的问题："为什么我要向你们购买东西？"因此，顾客会选择那些看起来能提供最具吸引力的"全价值主张"的供应商，"全价值主张"简单地说就是为顾客提供他需要的产品。

科特勒认为，品牌的价值主张，就是一个该如何与客户沟通的问题。它不是简单地说服顾客，而是要引起顾客共鸣。

假如顾客比较了几家的产品后，发现它们的价格和成本都相同，那么顾客会选择能给他们提供最高满意度的厂商。关于推动全价值主张，在《科特勒谈营销》一书中，科特勒得出了一个结论："要找出核心定位、价值定位、全价值主张，先要让公司描述出其整体贡献度比竞争者高的理由。然后公司再运用这些结果，建立强势的品牌认同，传递出潜在顾客期望得到的价值描绘。"

轻松小看板

> 　　大卫·奥格尔曾经说："任何一个傻瓜都可以做成一笔生意，而创造一个品牌却需要创意、信仰和坚忍不拔的努力。"斯蒂芬·金则说："产品是某家工厂里生产的东西，品牌是一个顾客所购买的某种东西。产品可以被竞争者仿制，品牌却独一无二。产品很快会过时，而成功的品牌永远会存在下去。"

设计品牌发展战略

恰当的品牌决策与产品名称同等重要。科特勒指出，一般情况下，企业在品牌决策过程中需要经过下面几个步骤。

1.品牌有无策略

一般来讲，现代企业都有自己的品牌和商标。科特勒指出，以前的产品现今已不是单纯意义上的产品，大部分没有本质区别的产品现在因为品牌而被高度区分了。

2.品牌的使用者

企业究竟是使用制造商品牌还是经销商品牌，必须全面地权衡利弊，以做出决策。在制造商具有良好市场声誉，拥有较大市场份额的条件下，多使用制造商品牌。制造商的品牌成为名牌后，使用制造商品牌将更为有利，无力经营自己品牌的中间商，只能接受制造商品牌。相反，在制造商资金能力薄弱，市场销售力量相对不足的情况下，可以使用经销商品牌。尤其是那些刚进入市场的中小企业，无力用自己的品牌将产品打入市场，往往借助于中间商品牌。如果中间商在某一市场领域中拥有良好的品牌信誉及庞大完善的销售体系，利用中间商品牌也是有利的，这在国际贸易中是常见的。

3.品牌统分策略

如果企业决定其大部分或全部产品都使用自己的品牌，那么还要进一步决定其产品是分别使用不同的品牌，还是统一使用一个或几个品牌。

这就是说，在这个问题上有4种可供选择的策略。

（1）个别品牌。个别品牌是指企业各种不同的产品分别使用不同的品牌。其好处主要是：企业的整个声誉不会受其某种商品的不良声誉的影响；某企业原来一向生产某种高档产品，后来推出较低档的产品，如果这种新产品使用自己的品牌，也不会影响这家企业的名牌产品的声誉。

（2）统一品牌。统一品牌是指企业所有的产品都统一使用一个品牌名称。企业采取统一品牌名称策略的好处主要是：企业宣传介绍新产品的费用开支较低；如果企业的名声好，其产品必然畅销。

（3）分类品牌。分类品牌是指企业的各类产品分别命名，一类产品使用一个牌子。这主要是因为：企业生产或销售许多不同类型的产品，如果都统一使用一个品牌，这些不同类型的产品就容易互相混淆。有些企业虽然生产或销售同一类型的产品，但是，为了区别不同质量水平的产品，往往也分别使用不同的品牌名称。

（4）企业名称加个别品牌。这种策略是指企业对其不同的产品分别使用不同的品牌，而且各种产品的品牌前面还冠以企业名称。企业采取这种策略的好处主要是：在各种不同新产品的品牌名称前冠以企业名称，可以使新产品合法化，能够享受企业的信誉；而各种不同的新产品分别使用不同的品牌名称，又可以使各种不同的新产品各有不同的特色。

4.品牌扩展策略

此种策略与产品线扩展策略的"加长"相对应，是指以现有品牌名称推出新的产品线，即产品组合的"加宽"。日本本田（HONDA）汽车企业在产品成功之后，又利用"本田"的品牌推出了摩托车、割草机、铲雪车等多种产品线，使企业规模得到迅速地扩大。

品牌扩展策略作为营销主管的"招数"之一，具有多种优势，著名品牌可以令新市场迅速接受新产品，从而达到吸引新用户、扩充经营范围的目的。日本索尼公司前总裁盛田昭夫深谙此道，他将所有新的电子产品皆冠以"索尼"之名，产品一上市即得到用户认可，因为用户早已将索尼的品牌与质量可靠、功能先进的特征相联系，形成了极强的品牌忠诚度。这使得索尼公司在中期发展阶段迅速扩充实力，不断占领、开发新市场，一举成为世界五大企业之一，品牌扩展策略的效力之强可窥一斑。同时，品牌扩展可以节省用于促销新品牌所需的大量费用，它还能使消费者迅速认识新产品。因此，品牌扩展策略作为营销组合中的重要手段，被越来越多的企业营销人员广泛采用。

5. 多品牌战略

多品牌战略是指企业同时经营两种或两种以上互相竞争的品牌。科特勒认为，这种策略为建立不同的产品特色和迎合不同的消费者提供了一条捷径。这种品牌的一个缺点是每种品牌只能获得一小部分的市场份额，针对这种情况，科特勒建议企业建立几个较高利润水平的品牌，而不要把资源分摊在所有的品牌上。

6. 新品牌

科特勒认为，当企业决定推出一个新的产品，它可能发现原有的品牌名称不适用于这一新产品，或是新产品会伤害品牌的形象，或是原有品牌对新产品没有任何帮助。这时企业最好创造一个新的品牌名称。但科特勒提醒企业，太多的新品牌也会导致企业资源的过度分散，因此，企业在引入新品牌时，应慎之又慎。

营销经典：宝洁的多品牌策略

在中国，提起宝洁公司，消费者立刻会联想到许多广为人知的品牌：让头发飘逸柔顺、洗发护发二合一的"飘柔"；含有维生素原 B_5、令头发加倍亮泽的"潘婷"；洁肤而且杀菌的"舒肤佳香皂"；对蛋白质污渍有特别强的去污力的"碧浪"洗衣粉，还有滋润青春肌肤、蕴含青春美的"玉兰油"。宝洁的各类产品已经成为消费者，特别是年轻消费者日常生活中必不可少的一部分。无论是飘柔、潘婷、海飞丝、润妍，还是舒肤佳、玉兰油、碧浪、护舒宝、帮宝适，宝洁旗下的各种品牌在中国都家喻户晓。

成立于 1837 年的美国宝洁公司依靠"一品多牌"打造企业核心竞争力，成为世界日用消费品市场的"龙头老大"。连续 9 年被《财富》杂志选为最受仰慕的公司。它在世界 56 个国家设有工厂及分公司，所经营的 39 个产品大类、300 个品牌的产品畅销 140 个国家和地区，其中包括食品、纸品、洗涤用品、肥皂、药品、护发护肤产品、化妆品等。作为一个成功的跨国企业，公司总销售额的 40% 来自美国本土以外的市场，宝洁的国际部是业务发展得最快的一个部门，其销售量和利润超过宝洁公司销售和利润总额的 50%。

宝洁公司于 1988 年 8 月创建了在中国的第一家合资企业——广州宝洁有限公司，这是宝洁公司在中国建立的第一家公司。这家公司专门生产洗涤护肤用品。1990 年合资各方为满足日益增长的市场需要，又创办了广州宝洁纸品有限公司。1992 年再次合资创建广州宝洁洗涤用品有限公司，然后陆续在北京、天津、上海、成都建立了分公司，并先后在华东、华南、西北、华北等地建立分销机构，不断向市场推出多种品牌的产品，提供一流的产品和服务，销售覆盖面遍及全国。今天，宝洁的系列品牌已经牢牢占领了中国市场。宝洁系列品牌为什么会在中国市场一举成功？宝洁在中国内地市场的成功奥秘何在？

"明眼人"都知道，是"一品多牌"策略造就了宝洁的成功。宝洁通过"一品多牌"策略，形成了强大的品牌竞争优势，成为消费者心目中的日用品代名词。

传统的营销理论认为：单一品牌延伸策略能使企业减少宣传成本，易于被顾客接受，更便于企业形象的统一。但宝洁认为，单一品牌并非万全之策。因为一种品牌树立之后，容易在消费者心目中形成固定的印象，这样很不利于产品的延伸，尤其是像宝洁这样横跨多种行业、拥有多种产品的企业更是如此。比如，假设宝洁的洗发水只用"潘婷"一个品牌，就会在消费者中造成"潘婷"只是洗发水的印象，如果再用"潘婷"去开发其他种类的产品，就不易被顾客接受。而多品牌策略则可以使每一个个性鲜明的产品能满足不同消费群体的需要，从而使每个品牌都在消费者心目中留下深刻的印象，从而获得自己应有的市场定位。因此，关于品牌，宝洁的一贯原则是：如果某一个种类的市场还有空间，最好那些"其他品牌"也是宝洁公司的产品，因此宝洁采取了多品牌策略。宝洁的每一款产品的特性是各不相同的，宝洁的家族中没有完全相同的两款品牌。宝洁认识到同一种消费日用品由于人们习惯的差异会呈现多个"卖点"，只有创造不同"特性"的商品才有可能满足不同层次顾客的需求。为了有效占领市场，需要使用多个品牌，所以宝洁在同领域推出不同品牌的做法。这与我们传统的营销理念有很大的区别，往往会引起人们的质疑：这种无异于是"窝里斗"的做法，会不会造成宣传资源的浪费？经过多年的品牌营销实践证明，答案是否定的。宝洁不断在相同领域推出自己不同品牌的做法，正是考虑到市场本身的多元化以及消费者的不同性格、不同喜好、不同偏爱、不同需求这一根本差别，宝洁不仅要力争满足全球消费者的共同需要，同时也尽力满足具体市场的独特需求，并在不同行业都拥有了极高的市场占有率。

　　宝洁的多品牌策略与目前市场上不同档次、不同价位的产品之间相互抄袭或模仿，其心存误导之意的做法有着根本的不同。宝洁的多品牌策略并不是把一种产品简单地贴上几种商标，而是追求同类产品不同品牌的差异，让每个品牌都具有一个与其他品牌不同的"特性"。这样，每个品牌都会有自己的发展空间，市场也就不会重叠。以洗发水为例，宝洁公司旗下的几个品牌都有其明确的市场定位："海飞丝"成为国内去头屑洗发水的代表；"潘婷"的特性在于对头发的营养保护；"飘柔"的特性则是使头发光滑柔顺；"沙宣"则定位于调节水分与营养；"润研"能令头发乌黑、光泽，具有生命力。宝洁的这几个品牌目前在中国市场都占据了相当的份额，成为耀眼的"五朵金花"。多品牌策略不仅提高了宝洁公司整体的市场份额，也降低了单一品牌的风险。以宝洁中国为例，2001～2003年，该企业连续3年销售增长率超过了25%，利润以平均每年140%的速度增长，2003年宝洁中国的业绩接近150亿元人民币，2003年末成为央视标王。多年来，宝洁的各类产品极少出现被其他品牌挤出市场的情况，其根源就在于宝洁用自己的不同品牌占领了不同定位的市场。

在这里，大家看到的不仅仅是某一种产品的品牌竞争力，更多的是生产这些产品的厂家——宝洁公司的整体实力。这就是宝洁公司的品牌延伸策略所带来的成功经验。

案例分析

作为世界性成功企业，宝洁公司是实施多品牌战略的典范，宝洁的多品牌营销使每一个个性鲜明的产品都能满足不同消费群体的需要，从而使各个品牌都在消费者心目中留下深刻的印象，获得自己应有的市场定位。而且，由于品牌多，造成对竞争对手的包围攻势，有利于提高产品的竞争力，延长每个产品的寿命，还有利于在消费者心目中树立企业的形象，造成公司实力雄厚的感觉。

更加重要的是，宝洁的每个品牌都有自己的生存空间，市场也不会重叠。这一点值得企业借鉴。

第三节

生命周期：产品是一个有限的生命

每一种产品都会经历一次生命周期：导入期、增长期、成熟期和衰退期。科特勒建议，企业应该运用产品生命周期概念设计出不同生命周期阶段的好的营销战略。

导入期

产品生命周期是指产品从试制成功投入市场开始，直到最后被淘汰退出市场所经历的全部时间。科特勒则给产品生命周期定义为："产品销售和利润在整个产品生命期间的变化过程。"

产品生命周期的概念说明：

（1）产品的生命是有限的。

（2）产品的销售历史可分成数个阶段，营销商在每个阶段均将面临不同的挑战。

（3）在不同的产品生命周期阶段，产品的利润有上升的时候，也有滑落的时候。

（4）产品在其生命周期的不同阶段，需要有不同的营销、财务、制造、采购与人力资源策略。

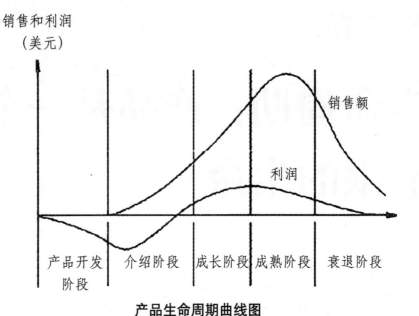

产品生命周期曲线图

如图所示，每种产品的生命周期都有不确定的长度和特征。在产品的每个阶段，营销人员都会面临不同的挑战。

在导入期，由于新产品刚刚投放市场，企业存在两方面的困难。

一方面，消费者与经销商对新产品不了解、不信任，存有戒备心理。另一方面，这个时期的新产品生产无论是所使用的设备、工艺，还是工人操作技术的熟练程度与规范，都还未定型，存在着许多问题。

此时的产品质量不稳定，成本偏高。这也反过来增加了消费者与经销商对新产品的不信任。于是，许多新产品在这一阶段夭折了。

在这个阶段，产品的销售对象为早期使用型顾客，这一部分消费者求新、求异的心态很强。

导入期的定价，一般采用高价策略、低价策略或采用满意定价，并根据需求和竞争等情况，适当利用分期付款、特价优待、赠送样品、价格折扣等营销手段，扩大销售渠道，促进销量增长。

在这一时期，企业应根据投入期产品的特点，积极收集市场对新产品的反应，大力开展广告宣传活动，疏通销售渠道，千方百计打开销路，具体策略有：

（1）利用现有产品提携支持。如随同现有的已博得顾客好评的相关产品，免费赠送；将新产品与现有产品合并出售；利用现有产品标签、资料或广告附带宣传新产品，或将新老产品合并陈列等。

（2）利用特殊手段诱使试用。如将新产品免费供给一段时间；特价优待或到消费者处所免费示范或试用；免费传授使用、维修技术等。

（3）利用特殊手段诱使中间商经销。如采取寄售或其他手段，减少中间商进货的风险；给中间商独家经销权；提供广告津贴；派人员协助推销或为其训练推销人员等。

（4）利用其他促销手段。如进行大规模的广告宣传及其他刺激购买的方法，设法使相关团体中某些头面人物使用其产品，并加以宣传。

增长期

科特勒认为，新产品如果能够令市场满意，就能够进入增长期。新产品经过市场导入期以后，消费者对该产品已经熟悉，消费习惯也已经形成，销售量迅速增长，这些特征都说明产品已经进入了增长期。进入增长期以后，老顾客重复购买，并且带来了新的顾客，销售量激增，企业利润迅速增长，在这一阶段利润达到最大。随着销售量的增大，企业生产规模也逐步扩大，产品成本逐步降低，新的竞争者会投入竞争。随着竞争的加剧，新的产品特性开始出现，产品市场开始细分，分销渠道增加。

增长期是赢利的良好阶段，由于市场需求上升，竞争者还不多，企业可维持一个相对较高的价格和利润，增长期的价格通常较高，销量较大，平均利润水平应高于导入期、衰退期，甚至成熟期。在这个阶段，企业应注重定价策略和定价技巧的运用。比如，在导入期实行高价策略的产品，这时可适当降价，以吸引潜在的消费者；在导入期实行低价策略的产品，如果知名度提高了，可以把价格提起来，获得较高的单位产品利润。

在产品增长期，企业的营销策略的核心是尽可能延长产品的增长期。具体说来，可以采取以下营销策略：

（1）狠抓产品质量，在"好"字上下功夫，完善质量保证体系，并以良好的包装装潢与完善的服务与之配合，争创优质名牌产品。

（2）进一步扩大销售网点，渗透市场和开拓市场，适应广大顾客的需要，增加销售量。

（3）加强广告宣传，并从介绍产品转向树立产品形象，进一步扩大产品知名度，争创名牌，加强销售服务。

企业采用上述部分或全部市场扩张策略，会加强产品的竞争能力，但也会相应地加大营销成本。因此，在这一阶段，企业面临着"高市场占有率"或"高利润率"的选择。一般来说，实施市场扩张策略会减少眼前利润，但加强了企业的市场地位和竞争能力，有利于维持和扩大企业的市场占有率，从长期利润观点来看，更有利于企业的发展。

成熟期

大家都知道，新产品一旦推出后，它在市场上的销售量和能获得的利润，会随着时间的演进而发生变化。科特勒认为，产品进入成熟期的标志是产品销售增长达到某一点后逐渐放慢销售增长速度。他指出，成熟期一般比前几个阶段的时间长，同时，成熟期也向营销机构提出了挑战。

I. 成熟期的 3 个阶段

（1）成长中的成熟。此时，由于分销饱和造成销售增长率开始下降。虽然仍有部分潜在购买者继续进入市场，但已没有新的分销渠道可开辟了。

（2）稳定中的成熟。由于市场已经饱和，使销售趋于稳定。大多数消费者已试用过该产品，未来的销售将受人口增长率和平均需求所支配。

（3）衰退中的成熟。此时由于购买者开始转向其他产品或替代品，销售的绝对水平开始下降。竞争者都在想方设法（如减价、广告等）打开销路，以摆脱困境，有些较弱的竞争者开始退出市场。最后，该行业由一些地位牢固的竞争者占据。

2. 成熟期的策略

在这个阶段，价格竞争和非价格竞争达到高潮，各竞争者的价格逐渐趋于一致。这时企业应针对需求差异，灵活采用定价方法，稳定销量和利润。不管以前实行的是高价策略，还是低价策略，这时应根据市场情况，作不同程度的降低。至于降幅大小，要根据竞争和价格弹性而定。降幅过小，不足以阻止竞争、刺激需求；降幅过大，又可能给企业增加损失，也可能引起消费者怀疑产品的质量，还可能引起竞争者的报复。

改变价格要非常慎重，最稳妥的办法往往是实行流行价格，在这一时期的非价格竞争地位已取代价格竞争地位。

科特勒指出，这一时期，一些较弱的中小企业开始被淘汰，行业内最终只剩下善于防守的企业。企业可以通过调整市场、调整产品和调整营销组合的策略，使成熟期延长，或使产品生命周期出现再循环。

（1）调整市场。这种策略不是要改变产品本身，而是发现产品的新用途或改变推销方式等，以使产品销售量得以扩大。

（2）调整产品。这种策略是以产品自身的改变来满足顾客的不同需要，吸引有不同需求的顾客。整体产品概念的任何一层次的改进都可视为产品再推出。

（3）调整营销组合。即通过对产品、定价、渠道、促销4个市场营销组合因素加以综合改革，刺激销售量的回升。比如提高产品质量、改变产品性能、增加产品花色品种的同时，通过特价、早期购买折扣、补贴运费、延期付款等方法来降价让利；扩大分销渠道，广设销售网点，调整广告媒体组合，变换广告时间和频率，增加人员推销，加强公共关系等"多管"齐下，进行市场渗透，扩大影响，争取更多的顾客。

衰退期

大部分产品和品牌的销售最后都会步入衰退的阶段。销售的衰退可能是缓慢的，也可能加速衰退。科特勒指出，衰退期的产品销售量可能下降为零，或者下降到某个水平后持续多年。销售衰退的原因很多，诸如技术的进步、消费者口味的变化、国内外的竞争日益激烈等因素，都可能造成产能过剩、销售下降的情况，使利润大受侵蚀。

在衰退期，市场呈现出如下特点：产品销售量由缓慢下降变为迅速下降，消费者的兴趣已完全转移；价格已下降到最低水平；多数企业无利可图，被迫退出市场；留在市场上的企业逐渐减少产品附带服务，削减促销预算等，以维持最低水平的经营。

科特勒指出，企业在处理衰退期产品时，主要面临着三大决策任务，即确定处在衰退期的产品，然后决定收回还是放弃这些产品的决策任务。

1. 确定衰退期产品

确认产品是否进入衰退阶段，要认真地进行市场调查，注意可能存在的一些假象，正确判断产品是否进入衰退期。

2. 确定衰退期产品的策略

有的企业希望竞争对手先退出该行业，而自己则继续在一段时间内维持该产品，这时该企业可采取 3 种策略，使企业不受大的损失。

（1）连续策略。连续沿用过去同样的市场、渠道、价格和促销活动，把销售维持在一个低水平上，使产品自行衰退，直至自动结束。

（2）集中策略。将原来投入的资源集中于一些最有利的细分市场和分销渠道中，缩短经营战线，以便在最有利的市场上获得尽可能多的利润。

（3）榨取策略。大幅度地降低营销费用，以增加眼前利润。其实这样做也加速了产品的衰退进程。

3. 放弃决策

有的企业决定从产品系列中放弃该产品，这时它面临着进一步的决策：

（1）必须决定是把产品出售还是转让给别人或者完全抛弃。

（2）必须决定是迅速还是缓慢地放弃该产品。

（3）必须决定为从前的顾客保留多少零部件的库存和维修服务。

（4）必须决定是否做广告以通知顾客。

虽然，产品生命周期概念被广泛运用到营销活动中，但科特勒同时指出并非所有的产品都有 S 形生命周期曲线，因为一些产品刚上市便很快消失，也有的产品会有很长一段成熟期，另外有的衰退期的产品能通过再定位等方式重新返回到增长期。

轻松小看板

如何判断产品处于生命周期的哪个阶段呢？企业最常用的判断方法主要有两种：类比法和增长率法。

1. 类比法

该方法是根据以往市场类似产品生命周期变化的资料，来判断企业产品处于市场生命周期的何种阶段。如要对彩电市场进行判断，可以借助类似产品如黑白电视机的资料为依据，进行对比分析，从而判别。

2. 增长率法

该方法就是以某一时期的销售增长率与时间的增长率的比值来判断产品所处市场生命周期阶段的方法。

营销经典："无声小狗"生命周期策略

美国澳尔·费林环球股份有限公司（以下简称费林公司），在 1903 年前是一个皮革、皮鞋的供应商，1903 年以后，开始从事皮革和皮鞋的生产。1950 年以前，它的主要产品是马皮及马皮制作的鞋。后来，由于马匹减少，该公司决定开发猪皮来代替马皮。猪皮制作的鞋穿起来比较舒服，并且防汗、耐潮，不易变质，更重要的是猪皮资源充足。所以费林公司凭借已有制作各种皮革的经验，率先采用猪皮来制鞋。

但是，剥猪皮在当时是项困难的工作，不如剥马皮和牛皮那么容易。

一个熟练的工人需要半个小时才能宰杀一头猪并剥下猪皮，而肉食加工厂每小时要加工 600 头猪，剥猪皮实在是时间太长。为此，该公司花费了 200 多万美元和相当长的时间对剥皮机器进行试验，改进了原有的猪皮加工机，终于攻克了剥猪皮这个难关，研制出了独特的高级快速剥皮机，每台机器一小时就能剥下猪皮 460 张。

公司根据潜在顾客的需要，决定将制鞋业投向穿着舒适的皮鞋市场。1957 年，他们生产出有 11 种颜色、鞋底和鞋帮结合的男式便鞋，向农村和小镇试销，非常成功。到 1958 年，公司给鞋子起名为"无声小狗"，意指此鞋穿上去十分轻便，走起路来没有任何声响。同时，该公司还设计了一个长着忧郁的眼睛，耷拉着耳朵的矮脚猎狗作为广告标志。从此，这一新产品诞生了。

于是，澳尔·费林公司成为第一个大批量用猪皮制鞋的公司。

一般来说，产品在投入期遇到的困难是知名度不高，市场占有率和销售增长率都很低。"无声小狗"这一品牌的鞋也遇到了这一困难。同时，它还面临着目标市场和渠道转变的困难，因为该公司原来的产品主要是马皮鞋，卖给农民。马皮鞋子的特点是结实、抗酸。现在"无声小狗"则强调舒适，消费对象是城市和郊区农民，因而原有的销售点、销售网及推销员都不能适应这种文化。

针对上述两大困难，费林公司采取了正确的促销策略。首先，它加强了广告宣传。其"无声小狗"鞋广告，主要刊登在发往 35 个城市的《本周》杂志上，并通知销售经理：如果 6 周内能在 35 个城市设立 600 个新零售点，公司即批准拿出销售额的 17% 用做其广告预算。其次，在 1958 年 8 月，该公司调回分散在各地的推销人员，集训一个多月后，再将他们派往 35 个城市，集中力量掀起了"无声小狗"的推销高潮。所有推销人员忘我地工作，每人都带着 11 种不同颜色的样品鞋，向潜在顾客表演猪皮鞋如何防酸、防雨和防污，一时间推销人员成了人们关注的中心人物，销路终于打开了。

从打开销路到成为名牌，"无声小狗"使用了 3 年时间。在这 3 年中，公司的广告费用急剧增加，平均广告费用为销售额的 7%，1961 年，"无声小狗"已成了家喻户晓的名牌。由于这一时期"无声小狗"开始供不应求了，费林公司将价格由每双的 7.95 美元提高到了 9.95 美元，同时确定了重点经销商。到 1962 年底，款式不但有女式便鞋，而且还开发了 5 岁以上儿童的各式猪皮便鞋。销售量在这一时期猛增，但仍供不应求，工人一天三班倒着干活，采购人员忙着采购更多的猪皮。

1963 年，销售额的增长率趋缓，产品开始跨入成熟期，公司和广告商开始较详细地调查消费者购买"无声小狗"便鞋的资料。通过调查，他们发现有 61% 的成年人知晓无声小狗便鞋，但只有 10% 的成年人买过一双。买主的平均收入较高，也有较高的文化水平。例如，所有购买"无声小狗"便鞋的调查对象中，年家庭收入在 5000 ～ 7500 美元的占 51%；7500 ～ 10000 美元的占 28%；10000 美元以上的占 21%（当时这种收入属高水平）。他们当中大多数是专业人员或技术工人，购买的主要原因是由于"无声小狗"穿起来舒服、轻便和耐穿。从此，公司真正了解了人们购买"无声小狗"便鞋的主要原因以及买主的经济收入和教育水平情况。

于是，针对消费对象，公司采取了以下策略：首先，继续扩大广告范围。在多种报纸杂志上大力宣传，从 1964 年起，开始采用电视广告，在"今日"和"今夜"两个黄金时间栏目内做广告宣传，同时还增加了 13 种杂志广告，将影响进一步扩大到新的目标市场。其次，强调"无声小狗"鞋的特点是舒适，在 1965 年打出"穿上无声小狗便鞋，使人行道变得更柔软"的宣传主题口号。再次，继续拓展销售渠道，发展新的零售点。这时，它已拥有 1.5 万个零售点，主要是鞋店和百货公司，同时还使一些实力非常强的竞争对手也成了费林公司的最大买主，"无声小狗"便鞋通过它们的零售店出售。

在这一阶段后期，由于成本提高，产品价格涨到了 11.95 美元，但由于鞋子的质量好，比竞争对手的成本低，总销售量仍然上升，1965 年，"无声小狗"的售卖和利润都达到了巅峰阶段。

从 1966 年开始，"无声小狗"便鞋的总销售量、利润开始逐年下降，特别是年销售增长率出现了急剧下降的势头。1966 年比 1965 年下降了 12 个百分点，利润额也下降了 21%，到了 1968 年，形势更加严峻。销售额更是一落千丈，简直令人无法相信昔日曾有的辉煌。除了竞争更加激烈，原料成本上涨的因素外，更主要的是消费者很少重新购买，原因是穿过一段时间后的顾客不像刚买鞋的新顾客那样喜欢经常穿它，同时，鞋子质量很好，不易穿坏，因而影响再买新鞋。

公司对男鞋消费者的调查表明，购买"无声小狗"鞋的原因，有60%的人认为舒适，而不愿购买的原因有47%的人是由于不喜欢它的款式，公司对女鞋的调查也得到了类似的结果。

该公司的经理们为销量的下降伤透了脑筋，他们仍认为"无声小狗"便鞋的特点似乎应该是舒适，根据以前的促销经验，他们对重新唤起人们的购买热潮仍有信心，但采用什么样的广告形式还得考虑，有一点是肯定的，即产品款式是一定要更新了。澳尔·费林经营者认识到，应该开发新的品种了，也许是"无声大狗"也是许是"有声哈狗"，不过有一点是肯定的，原有的"无声小狗"已经退出历史舞台了。

就这样，费林人一步一个脚印，在"无声小狗"成长、成熟和衰退的过程中，赚足了该赚的钱。

案例分析

产品的生命周期取决于市场，而不是取决于产品本身的品质。如果市场已经不需要某种产品，即使它是刚刚生产出来的，即使它的品质十分优良，它也没有生命了。"无声小狗"便鞋从开发到衰退，我们可以看出一种产品在其产品生命周期的各个阶段所采用的市场营销战略。

产品投入期，"无声小狗"通过广告宣传，提高产品的知名度，打开销路；产品成长期，它通过广大产品线推出女鞋、儿童鞋，而且扩大广告范围使"无声小狗"成为美国名牌；产品成熟期，"无声小狗"又增加电视广告，增加零售网点，使它虽然成本增大、价格上涨仍然利润很高；产品衰退期，它无能为力，只好放弃，这也是一个很好的策略。

费林人正是按照产品生命周期各个阶段的不同策略，实现了可观的利润。

第四节

新产品的设计与营销

由于生命周期的存在，任何产品都避免不了被市场淘汰的命运。企业为了生存，唯一的办法就是持续地开发新产品。但新产品的开发是一项风险性很大的工作，在很多企业中流行着这样一句话："不搞开发等死，搞了开发找死。"对于这种观点，科特勒有不同的看法，他认为只要找到系统的开发程序，新产品开发就会取得成功。

产品概念的设计

企业必须开发新产品，但很多新产品都不容易成功，为了解决这个问题，科特勒建议企业认真制订新产品开发计划，并找到系统的新产品开发程序。科特勒认为，开发新产品首先要解决的问题应该是产品概念的设计，设计产品概念又分为以下几个步骤。

1. 寻求创意

新产品开发过程是从寻求创意开始的，所谓创意就是开发新产品的设想。虽然并不是所有的设想或创意都可变成产品，寻求尽可能多的创意却可为开发新产品提供较多的机会。所以，现代企业都非常重视创意的开发。科特勒提醒企业，必须系统而不是任意地搜寻创意。

新产品创意的主要来源有：顾客、科学家、竞争对手、企业推销人员和经销商、企业高层管理人员、市场研究公司、广告代理商等。此外，企业还可以从大学、咨询公司、同行业的团体协会、有关报刊媒体那里寻求有用的新产品创意。一般说来，企业应当主要靠激发内部人员的热情来寻求创意。这就要求建立各种激励制度，对提出创意的员工给予奖励，而且高层主管人员应当对这种活动表现出充分的重视和关心。

2. 甄别创意

取得足够创意之后，要对这些创意加以评估，研究其可行性，并挑选出可行性较强的创意，这就是创意甄别。创意甄别的目的就是淘汰那些不可行或可行性较低的创意，使公司有限的资源集中于成功机会较大的创意上。甄别创意时，一般要考虑两个因素：一是该创意是否与企业的战略目标相适应，表现为利润目标、销售目标、销售增长目标、形象目标等几个方面；二是企业有无足够的能力开发这种创意，表现为资金能力、技术能力、人力资源、销售能力等。

3. 建立产品概念

产品概念的建立是指将有价值的构思进一步转化为具体的产品形态，这种形态主要是从顾客的角度来观察。它可以用文字、图形、模型等给予体现。同一构思可以转化为多种产品形态。如对某个老年滋补品的构思，可以设计以人参为主要成分，也可以以鹿茸或蜂王浆为主要成分，可以是粉状品，也可以是晶体或液体等状态。在产品构思概念过程中，也会淘汰部分不适宜的构思。

企业在建立产品概念时，要以整体产品概念为基础，从产品核心功能、实体形式、包装、服务等各方面加以考虑。产品构思的概念化，是企业对此构思的解释，也可以看成是顾客心目中对此构思的理解，所以企业在进行这阶段工作时，要以潜在顾客的需求为标准，决定产品应是何种形象，哪些部分要重点突出，以及开发是否要停止在该阶段。

新产品的开发与试销

确定了新产品的概念后，新产品就进入开发阶段，在新产品开发之前，企业还应该进行一系列的分析，并制定相应的战略。

1．制定市场营销战略

形成产品概念之后，需要制定市场营销战略，企业的有关人员要拟定一个将新产品投放市场的初步的市场营销战略报告书。报告书由3个部分组成：

（1）描述目标市场的规模、结构、行为，新产品在目标市场上的定位，头几年的销售额、市场占有率、利润目标等。

（2）简述新产品的计划价格、分销战略以及第一年的市场营销预算。

（3）阐述长期销售额和目标利润以及不同时间的市场营销组合。

2．商业分析

当企业发展了新产品概念和营销战略，就可以对该产品概念作商业吸引力评价——复审销售量、成本和利润预计，以确定它们是否满足企业的目标。

（1）估计销售量。销售量估计方法取决于它们究竟是属于一次性购买的产品（如订婚戒指），还是属于非经常性购买的产品，或经常性购买的产品。

一次性购买的产品，开始时销售量上升，到达高峰，然后当潜在的购货人逐渐减少时销售下降而逐渐趋近于零。

经常性购买的产品，例如消费者和企业购买的非耐用品，开始时，首次购买人数逐渐增加，然后递减到剩下为数较少的购买者（假设人口固定）。如果该产品使某些顾客深感满意，他们就会成为稳定客户，此时重复购买很快就产生了。这要估计首次销售量、更新销售量和重购销售量。

（2）估计成本和利润。做好销售预测后，企业就要估计产品开发预期的成本和利润。研究开发部门、制造部门、营销部门和财务部门对这些成本进行估算。

3．产品开发

如果产品概念通过了营业分析，研究与开发部门及工程技术部门就可以把这种产品概念转变成为产品，进入试制阶段。只有在这一阶段，以文字、图表及模型等描述的产品设计才变为实体产品。这一阶段应当搞清楚的问题是，产品概念能否变为技术上和商业上可行的产品。如果不能，除在全过程中取得一些有用副产品即信息情报外，所耗费的资金则全部付诸东流。

4．市场试销

新产品样品经过部分消费者（或用户）试用基本满意后，企业通常根据改进后的设计进行小批量试生产，在有选择的目标市场上做检验性的试销。同时，深入调查经销商和顾客，再进一步改进设计或生产情况。试销不仅能增进企业对新产品销售潜力的了解，而且有助于企业改进市场营销策略。如从市场试销中，观察试用率（即首次购买的比率）和再购率（即重复购买的比率）的高低，对及时了解新产品能否销售成功有着重要意义。

新产品上市营销决策

新产品经过试销后，企业营销人员就应该总结经验，进入新产品的正式营销。

科特勒认为，在这一阶段，企业高层管理者应当作以下决策：

1．推出的时间

企业高层管理者要决定在什么时间将新产品投放市场最适宜。例如，如果某种新产品是用来替代老产品的，就应等到老产品的存货被处理掉时再将这种新产品投放市场，以免冲击老产品的销售，造成损失。如果某种新产品的市场需求有高度的季节性，就应在销售季节来临时将这种新产品投放市场。如果这种新产品还存在着可改进处，就不必仓促上市，应等到完善之后再投放市场。

2. 推出的地点

企业高层管理者要决定在什么地方（某一地区、某些地区、全国市场或国际市场）推出新产品最适宜。能够把新产品在全国市场上投放的企业是不多见的。一般是先在主要地区的市场推出，以便占有市场，取得立足点，然后再扩大到其他地区。因此，企业特别是中小企业须制订一个市场投放计划。在制订市场投放计划时，应当找出最有吸引力的市场先投放。选择市场时要考察这样几个方面：市场潜力；企业在该地区的声誉；投放成本；该地区调查资料的质量高低；对其他地区的影响力以及竞争渗透能力。此外，竞争情况也十分重要，它同样可以影响到新产品商业化的成功。

3. 推出的目标

企业高层管理者要把分销和促销目标面向最优秀的顾客群。这样做的目的是要利用最优秀的顾客群带动一般顾客，以最快的速度、最少的费用，扩大新产品的市场占有率。企业高层管理者可以根据市场试验的结果发现最优秀顾客群。对新上市的产品来讲，最优秀的顾客群一般应具备以下特征：他们是早期采用者；他们是大量使用者；他们是观念倡导者或舆论领袖，并能为该产品做正面宣传。当然，完全具备这几个特征的顾客为数很少，企业可以根据这些标准为不同的顾客群打分，从而找出最优秀的顾客群。

4. 推出的方法

企业应决定要在市场营销组合各因素之间分配营销预算，确定各项营销活动的顺序，有计划地开展营销活动。

同时，科特勒也提醒企业为了使产品更快进入市场，应适时放弃这种产品开发程序。如"随身听"的问世就是非程序性开发的例子。开发一种能随身携带和听磁带的录音机的构思是索尼公司的董事长提出来的，但企业的有关人员都认为这是一个没有开发价值的设想。他们认为，人们听惯了立体声后，对这种只有一个声道的录音机一定不感兴趣，没有人愿意购买。但在公司董事长、总裁坚持要开发并表示由他们承担后果的情况下，企业开发出了这个产品，投入市场后取得了出人意料的成功。如果按照程序化的开发程序，这个构思肯定只有被淘汰出局，现在是否有"随身听"这种产品也未可知。

轻松小看板

新产品要想在市场上迅速扩散，被消费者所接受，就必须具备以下几种特征。

(1) 相对优点：新产品要比它将取代的产品有明显的优点。

(2) 一致性：新产品要同人们的消费习惯等吻合。

(3) 兼容性：新产品的使用方式应和旧产品一致。

(4) 可试用性：新产品应可供消费者在购买前试用。

(5) 可传播性：新产品具有一定的宣传特点以利于传播。

营销经典：健力宝新产品"第五季"

健力宝品牌自从 1984 年创办以来，有着很长一段时间的辉煌。但是，在市场竞争日益激烈的今天，健力宝渐渐被挤出市场，健力宝公司在认真分析了存在的诸多问题后，又重返市场。2002 年 5 月，健力宝集团推出了"第五季"果汁饮料，之后又力邀日本当红明星滨崎步为品牌做形象代言人，领导多品种产品上市，这些产品包括果汁、茶、水和 VC 碳酸饮料等四大系列 30 多种产品。

2002 年 5 月，健力宝公司，推出定位在"健康的休闲饮料"的全新品牌"第五季"。8 月，为了解决健力宝主品牌形象保守、老化的问题，健力宝主品牌进行了品牌重塑，推出以"超凡竞赛，超凡动力"为核心的新形象。

为了迎合"第五季"的新鲜出炉，健力宝在 2006 年世界杯的黄金广告位上，一掷 3000 万。在"第五季"的广告中，人们再也看不到健力宝的影子。一群酷酷的跳着街舞的各种肤色的动感青年，似乎在模糊健力宝的"体育饮料"的概念。世界杯期间，伴随第五季广告的狂轰滥炸，第五季的终端行动也大肆展开。广州的大街小巷的"士多店"布满了健力宝第五季的"旗帜"，赞助各类时尚运动的促销活动也浩浩荡荡地展开。与此同时，渠道体系的变革也风风火火地进行着。

健力宝一改以往所注重的大批发、大流通渠道，全面实行经销商合作伙伴制，通过零售终端大面积的品牌旗舰店建设，这被健力宝内部人士称为"零售终端争夺的第一战"。本来计划一年内仅仅建立起5000家品牌旗舰店，实施深度覆盖，迅速树立健力宝"第五季"的品牌形象，但是出乎人们的意料，良好的效果让健力宝一发不可收拾，如今早就投入使用10000家。

健力宝将目光瞄准所有具备条件的综合小店，不管是可乐的、康师傅的、统一的，都被健力宝撬来做旗舰店，从店头设计到产品陈列甚至影响了周围的零售小店，这一笔不小的金钱投入绝对是花在了刀刃上。

第五季意欲以一个抽象概念——游离于春夏秋冬四季之外的时空概念"第五季"涵盖产品，使品牌的涵盖力更强，不为流行口味所左右，同时也能实现渠道、广告等多种资源的共享。可以看到，从品牌定位到品牌策略，第五季都采取了很多突破常规的做法。借助这一策略引发起市场的突破性进展，正是健力宝集团所期望的效果。

案例分析

> 一个公司赢得市场、获得消费者青睐、击败竞争对手的法宝之一就是不断推出新产品，并使之适应市场需求。健力宝的"第五季"之所以能在市场上占有一席之地，关键在于其重新定义了产品的品牌形象，在市场推广上也采取了很多突破常规的做法。但任何产品在市场上都不会长盛不衰的。因此，企业必须不断开发新产品，这样才能在激烈的市场竞争中立于不败之地。

第五节

产品竞争的实质是服务竞争

　　不高的产品质量会对企业造成伤害，虽然人们在购买产品时，无法从外表来判断产品的质量，但可以在与销售人员的接触中见证企业的服务。科特勒提醒企业，应该把扶持产品的服务当作是取得竞争优势的主要手段。事实证明，消费者更喜欢向服务较好的企业购买产品。

产品服务组合

　　科特勒指出，顾客服务也是产品的要素之一。为了销售产品给顾客，使产品能满足顾客的需要，厂商须提供给顾客若干支持性的服务。支持性的服务常根据顾客需要和竞争情境而定，不一而足。譬如，许多厂商对顾客提供安装、维护、送货、信用、保证、训练等种种售前和售后服务，都可视为产品的支持性服务。

　　产品服务包含的范围很广泛，主要可分为售前服务（如操作培训）、售中服务（如使用示范）、售后服务（如送货上门）。不同销售阶段有着不同特点，认识这些特点有利于搞好销售服务。

销售阶段有着不同特点，认识这些特点有利于搞好销售服务。

1. 售前服务

这是指通过研究消费者心理，在顾客购买产品之前为顾客提供的各种服务。常见的售前服务有提供产品信息、提供导购服务、帮助顾客进行购买分析和权衡利弊等。售前服务的目的在于方便顾客，激发顾客的购买欲望，强化顾客的购买动机。

2. 售中服务

这是指从与顾客洽谈生意、签订购销合同，到产品发运、货款结算完毕为止全过程的服务。售中服务包括接待顾客时礼貌热情，洽谈和签订合同时真诚坦率和认真负责，产品出库时认真进行质量检验，产品发运时做到准确、齐全等。售中服务的目的在于影响顾客的购买心理感受，增强顾客的信赖感，促进成交。

3. 售后服务

这是在产品销售以后，根据顾客要求继续提供的各种服务。售后服务已经成为产品的延伸，被看作产品的组成部分。常见的售后服务包括送货上门，产品的安装、调试和指导使用方法，产品的退换和维修，零配件的供应等。售后服务的目的在于保证顾客所购商品使用价值的充分发挥，解除顾客购买产品的后顾之忧，提高顾客的满意程度，以促进顾客重复购买。

服务的特征

服务同有形产品是有本质区别的，科特勒指出了服务的四大特征：无形性、不可分离性、可变性和易消失性。

1. 无形性

"服务无形性"是服务的最主要特征，是指服务在被购买之前是看不见、尝不到、摸不着、听不到或闻不出的。对这一特征可以从两个不同的层面来理解。

首先，与有形的消费品和产业用品比较，服务的特质及组成服务的元素很多时候是无形无质的，让人不能触摸或凭肉眼看见其存在。同时，不仅服务无形无质，享用服务后的利益也很难被察觉，或是要等一段时间后才能感受到其存在。因此，服务在被购买以前，不可能被品尝、感觉、触摸、看见或嗅到。购买服务前必须参考许多意见与态度等方面的信息，再次购买则依赖先前的经验。比如电视机出现故障，消费者将电视机送交特约维修点修理，在取回电视机时，对电视机维修服务的特点及维修后的电视机是否恢复正常，都是难以察觉并做出判断的。

其次，随着企业服务水平的日益提高，许多物质产品是与附加的顾客服务一起出售的，而且在多数情况下，顾客之所以购买某些物质产品，如汽车、电视机等，只不过因为它们是一些有效载体。对顾客而言，更重要的是这些载体所承载的服务或效用。当然，也有人指出，百分之百具有完全无形性特点的服务极少，而更多的服务则需要有关人员利用有形实物才能真正提供或完成。比如，在餐饮业的服务中，不仅有厨师的烹调服务过程，还有菜肴的物质加工过程。由此观之，"服务无形性"并非服务所独有的特征。

服务的有形展示会影响消费者和顾客对于一家服务企业的评价和服务产品的销售。有形展示包含的要素有：实体环境（装潢、颜色、陈设、声音）、服务提供时所需用的装备实物（比如汽车租赁公司所需要的汽车）以及其他实体性线索，如航空公司所使用的标志、干洗店为洗好的衣物加上的包装等。

2. 不可分离性

不论委托快递还是搭乘计程车，如果将服务当作物品来看待，可说是"生产"与"消费"同时发生。换句话说，供应者在提供服务的同时，顾客已开始消费。因此，服务无法"库存"，即使顾客接受了不良服务，也无法像购买物品般实施退货或要求更换，当然也不可能自行修理或改善。所以，当供应者一旦提供了不良服务，顾客就可能立即离去。因此，大家必须了解不良服务所造成的后果比不良物品更为严重。

3. 可变性

服务的无形性以及服务的不可分离性，使服务不可能像有形前消费品那样被储存起来，以备将来出售或消费。而且消费者在大多数情况下，也不能将服务携带回家安放。企业可以将提供服务的各种设备提前准备好，但生产出来的服务如不及时消费，就会造成损失（如车船的空位），这种损失不像有形产品损失那样明显，它仅表现为机会的丧失和折旧的发生。因此，不可储存性特征要求服务企业必须解决由于缺乏库存所导致的产品供求不平衡问题，如制定分销战略来选择分销渠道和分销商，以及设计生产过程和弹性处理被动的服务需求等。

4. 易消失性

服务在交易完成后便消失了。消费者并没有"实质性"拥有服务。比如，乘客从一个地方到另一个地方旅行，付钱购买车票，他所得到的只是付款凭证和乘车权，而没有得到实质性的东西。缺乏所有权这种特征会使消费者在购买服务时感受到较大的风险，如何克服这种不安全的心理，促进服务销售，是营销管理人员所要面对的问题。如有的企业采用"会员制度"的方法维持企业与顾客的关系，当他们成为企业的会员后，可享受某些特殊优惠，使其感到确实拥有企业所提供的服务。储户到银行提取存款，在服务过程结束后，储户手中拿到了钱，但是并没有发生所有权的转移，因为这些存款是储户自己的，银行只不过是一个存放的场所，而且银行还要给储户一定的利息。

轻松小看板

> 由于顾客对服务质量的感知会不同，因此，企业需要对客户进行"培训"，使得顾客能够更好地扮演自己在服务过程中的角色，配合员工完成服务过程。一般情况下，顾客不知道服务的过程或者不知道自己什么时候该做什么，例如不知道到银行办理按揭贷款的

步骤；或者无法清楚地表达自己的要求，例如病人不知道如何才能让医生清楚自己的病情等。在服务过程中，物理环境将影响顾客的服务体验，例如，在理发店理发时，椅子是否舒服；在旅馆住宿时，床铺是否整洁，等等。

由此可见，服务本身也是一种产品，但又和有形的产品不同。服务是抽象无形的商品，而产品只要没有经过交换，产品就永远是产品，其性质永远不可改变。产品的生产过程也没有服务过程那么复杂。产品的生产过程大部分是劳动力被物化的过程，它只需要劳动力单方面的运作就可以，而服务则需要顾客的参与才能完成。

企业服务管理

为了使企业的服务能够满足顾客的不同需要并保证企业自身的效益，企业可从以下几方面实施管理：

1. 服务层异化管理

科特勒认为，如果顾客觉得服务的差别不大，他们对提供者的关心程度便会小于对价值的关心。

当企业因顾客特别的需求，而将产品或服务顾客化时，它便算得上是实行"体贴顾客"的做法。例如，在汉堡王与麦当劳的大战中，汉堡王运用"依照您的口味"的定位，也就是说可将原来所提供的标准产品，依照顾客的口味做调整。而另一方面，麦当劳则希望顾客能接受"麦当劳式的口味"。汉堡王邀请顾客提出变化口味的请求，并请他们看看哪一家公司能做得又快又好。

有些公司将产品顾客化。专业的化学药品公司可依照顾客的规格，调整药品的配方；包装机械公司可设计出特别的设备，满足个别顾客的包装需求；波音公司则应采购飞机的航空公司的需求，而设计出不同配备与内部装潢的747客机。

实施差别化管理，主要有两方面的内容，即服务内容的差别化和企业形象的差别化。服务内容的差别化是使企业所提供的服务区别于其他企业的关键，形象的差别化则起到某种强化内容差异的作用。服务内容的差别化，既可以是对主要服务内容的革新或改进，如航空公司增加一条其他公司没有的新航线，也可以是对次要服务内容的革新或改进，如航空公司在机舱内放电影或增加舱内供应食品的品种等。企业形象的差别化，通常指通过 CI 系统树立品牌形象。这与有形产品没有区别。不过，从实践角度来看，似乎服务企业不像有形产品生产企业那样重视建立差别化形象的工作。

2. 服务质量管理

服务企业实现自身差异化的一个主要方法，就是比竞争对手稳定地提供更高的质量。就像走在它们前面的制造企业一样，服务提供者现在也加入了全面质量管理运动中。像产品营销人员一样，服务提供者需要识别目标顾客对服务质量的预期。然而，服务质量要比产品质量更加难以定义和判别。比如，就一次理发的质量达成一致意见，要比就一个电吹风的质量达成一致意见困难。

科特勒认为，成功的服务公司的服务质量有着许多共同的优点，如服从顾客、一流的质量管理保证、建立较高的服务质量标准、紧密监督服务履行情况。

3. 服务生产力管理

对大多数服务组织来说，提高生产率是首要任务。但是，人们总是以为，服务的改进和生产率的提高会相互牵制。这种想法是由于对服务特点和服务经营性质缺乏了解所造成的，其实，有些成本的作用不是提高质量而是降低质量，这就不得不采取弥补措施以及进行原本不必要的工作。

根据调查，在服务领域中，多达 35%的经营成本是由于纠正了他人的错误，也就是说，是由质量低劣所造成的。当然这意味着企业经营的生产率是很低的。通过创造一个把差错降到最小化的系统，消除不必要的劳动，这是提高生产率的一个重要途径。一个具备顾客导向、技术简便、员工训练有素的新系统与原来的系统相比，经营成本不会太高。然而，它提高了质量。因此，质量的提高（外部效率）和生产率的提高（内部效率）统一起来了，追求短期利益可能牺牲了长期利润，管理人员经常意识不到这一点。目光短浅容易恶化顾客感知的质量，反过来又引起顾客的不满，使得业务受到损失。如果要保持市场份额，传统市场营销的预算就需要大量增加。长期来看，可能得不偿失。因此制定管理决策时要有长远眼光。

一个投资项目在 18 个月到 36 个月之后，可以从更加有效率的内部生产与更高的外部效率和优质服务中获得收益。如果企业盲目追求短期利益，只用内部效率评判实施的行为，靠削减成本提高生产率，那么感知质量肯定会受影响，企业将蒙受损失，甚至被挤出行业领域。

提高生产率的每一步行动都要建立在以下基础之上：要像目标市场的顾客一样，全面透彻地理解一流服务质量的组成要素；全面分析企业如何生产出顾客所需的质量，企业需要哪些和多少人力和物力资源，现行的规章制度是否行之有效。好的成本和坏的成本必须区别开来。当对这两种研究（内部的和外部的）作比较时，应该把同时提高生产率和质量作为坚实的基础。百年来，只有重视顾客的服务企业才会变成大赢家。

轻松小看板

长期以来，服务质量的测定一直作为一个难题困扰着理论研究者和企业市场营销人员。

为了解决这个问题，美国学者白瑞、巴拉苏罗门、西斯姆等提出了服务质量模型。他们通过对信用卡、零售银行、证券经纪、产品维修与保护等四个服务行业的考察和比较研究，认为顾客在评价服务质量时主要从下述 10 个标准进行考虑，即可感知性、可靠性、反应性、胜任能力、友爱、可信性、安全性、易于接触、易于沟通以及对消费者的理解程度等。在进一步的研究中，上述 10 个标准被归纳为 5 个，其中可感知性、可靠性和反应性保留不变，而把胜任能力、友爱、可信性和安全性概括为保证性，把易于接触、易于沟通以及对消费者的理解程度概括为移情性。

营销经典：奔驰车无处不在的服务

位列"世界十大名牌"第一名的——"奔驰600型"高级轿车，是世界上许多国家元首和知名人士的重要交通工具。尽管一辆奔驰车的价格能买两辆日本车，但奔驰车不仅顶住了日本车的压力，而且增加了对日本的出口，并能始终在日本市场上占有一席之地。在世界经济危机此起彼伏、汽车市场竞争日趋激烈、汽车厂家不断倒闭的情况下，奔驰汽车却一路凯歌。这不能不归功于它让顾客满意的产前服务、无处不在的售后服务和领导潮流的创新服务。

1. 让顾客满意的产前服务

买奔驰车首先是买满意的质量，奔驰公司为"奔驰600型"轿车所做的广告是："如果有人发现奔驰车发生故障、中途抛锚，我们将赠送你1万美元。"

3700种型号，任何不同的需要都能得以满足。不同颜色、不同规格乃至在汽车里安装什么样的收录机等千差万别的要求，奔驰公司都能一一给予满足。厂里在未成型的汽车上挂有一块块牌子，写着顾客的姓名、车辆型号、式样、颜色、规格和特殊要求等。来取货的顾客驱车离去时，"奔驰"还赠送一辆可当作孩子玩具的小小奔驰车，使车主的下一代也能对奔驰产生浓厚的兴趣，争取让他们以后也成为奔驰车的客户。

2. 无处不在的售后服务

奔驰公司无处不在的售后服务，使奔驰车主绝无半点烦恼。在德国本土，它设有1700多个维修站，雇有5.6万人做保养和修理工作，在公路上平均不到25千米就可找到一家奔驰维修站。国外的维修站点也很多，全球共有5800多个。国内外搞服务工作的人数与生产车间的员工人数大体相等。服务项目从急送零件到以电子计算机开展的咨询服务等，甚为广泛。奔驰车一般每行驶7500千米需要换机油一次，行驶1.5万千米需检修一次。这些服务项目都在当天完成。如果车辆在途中发生意外故障，开车的人只要向就近的维修站打个电话，维修站就会派人来修理或把车辆拉到附近不远处的维修站去修理。

3. 升华价值的增值服务

奔驰汽车的另一突出特点是它的增值服务，奔驰公司在同行竞争中，一直处于前列。奔驰于 1999 年首次推出了为中国用户制定的服务计划——"价值升华计划"，它提升了用户拥有的奔驰车的价值。几年来，在这个计划的引导下，奔驰先后通过多样化的主题活动如冬夏季免费车辆检测、安全驾驶培训、车辆护理忠告等，让用户享受到众多的创新服务。

案例分析

占领市场似乎很简单，但巩固市场就没那么容易了。如果不能巩固市场，即使你征服了所有的市场，最后留在你手中的还只是一小块。巩固市场的法宝是什么？答案是服务。

当市场占有率达到一定程度时，优秀的服务就胜过营销的运作了。奔驰的优质服务就为这一说法做了一次权威的说明。服务是产品最重要的组成部分之一，消费者买的不仅仅是产品实体部分。就像人们开着一辆奔驰车，不仅仅是为了交通。

因为奔驰车的优质服务所带来的良好信誉，使它数十年来长盛不衰，我们要提示经营管理者的是：要想您的企业能够更长寿，请您在服务上多下功夫。

第四章

价格不仅仅是一个
数字或一种术语

——价格策略

第一节

定价要考虑的因素

在各种营销工具中，价格是唯一能产生收入的因素。企业需要系统理解价格，以便更好地设置、调整和改进价格。由于价格的制定受产品、市场、需求等多种因素的影响，科特勒建议企业在定价之前先对营销的总战略做出决策，尔后制定出相应的价格，以获取利润。

营销目标和成本是企业定价的核心

企业定价受到多种因素的影响，其中营销目标和成本是企业定价的核心考虑因素。在科特勒看来，企业对它的目标越清楚，就越容易制定价格，而成本则决定了产品价格的下限。

1. 不同营销目标的定价策略

（1）生存。在市场竞争日益激烈、消费者需求不断变化的情况下，企业需要把维持生存作为主要目标。为了确保工厂继续开工和存货出手，企业必须制定较低的价格，利润比起生存来要次要得多。为了继续留在行业中，许多企业的价格只能弥补可变成本和一些固定成本。科特勒提醒企业，生存只能是一个短期目标。学会怎样增加价值才是长久之道。

（2）现期利润最大化。有些企业把制定一个能使当期利润最大化的价格当作目标。它们估计需求和成本，并据此选择一种价格，使之能产生最大的当期利润、现金流量或投资报酬率。假定企业对其产品的需求函数和成本函数有充分了解，则借助需求函数和成本函数便可制定确保当期利润最大化的价格。

（3）市场份额领导。有些企业希望通过降低价格来拥有最大的市场份额，因为，企业确信赢得最高的市场占有率之后将享有最低的成本和最高的长期利润，所以，企业制定尽可能低的价格来追求市场占有率领先地位。企业也可能追求某一特定的市场占有率。当具备下述条件之一时，企业就可考虑通过低价来实现市场占有率的提高：

①市场对价格高度敏感，因此低价能刺激需求的迅速增长。

②生产与分销的单位成本会随着生产经验的积累而下降。

③低价能吓退现有的和潜在的竞争者。

（4）产品质量领导。企业也可以考虑在市场上产品质量领先这样的目标，并在生产和市场营销过程中始终贯彻产品质量最优化的指导思想。采用这一营销目标时，科特勒提醒企业，要取得产品质量领导地位，一般就意味着要制定较高的价格来补偿企业为此投入的各种成本。因此，采用这一策略时，企业应更多考虑综合营销效果。

2．成本

成本是产品定价的底线。从长期来看，任何产品的价格都应高于所发生的成本费用，在生产经营过程中发生的耗费才能从销售收入中得到补偿，企业才能获得利润，生产经营活动才能得以继续进行。科特勒指出，许多企业为降低成本奋斗，主要是因为低成本往往能带来低价格，从而取得较高的销售量和利润额，科特勒介绍了两种形式的成本。

（1）固定成本。指在某一段时期内，不会随着产品产量的变动而变动的费用支出，如设备和厂房的折旧费、员工的固定工资、某些管理费用等。这些费用项目的总体支出水平在短期内是相对固定的，即使企业没有生产产品，也需要支出，而产量增加时，这部分支出并无显著增加。

（2）变动成本。指企业在生产经营中随着产品产量变动而变动的费用开支，如计件工资、原材料费用等。这些费用可以直接计入产品成本，不必采用分摊的方式。一般来讲，在一段时期里变动成本总量增长的速度与产量增长速度是基本同比例的。但产量增加到一定水平时，可能会因为要支付加班工资、聘用不熟练工人、使用品质较低的原材料等原因，而导致变动成本总量增长的速度加快。

产品的总成本就是固定成本与变动成本之和。

科特勒提醒企业，必须要审慎地监督好成本，如果成本过高，企业势必会在激烈的市场竞争中处于劣势。

轻松小看板

除了营销目标和成本外，企业在给产品定价时还要考虑到企业营销战略组合和企业的定价组织。

（1）营销战略组合，它指的是价格只是企业营销组合的工具之一，企业在为产品制定价格时，还要注意到价格决策要与其他营销组合工具，如产品、渠道、促销等配合，以便形成一个连续有效的营销方案。

（2）企业的定价组织指企业应该决定由组织中的哪个部门设定价格。

不同的市场类型要有不同的定价

企业的产品定价要考虑的因素不仅仅是营销目标和生产成本，它还要随着不同的市场类型发生变化。科特勒针对4种不同的市场类型提出了不同的市场定价策略。

1. 完全竞争市场

在这种情况下，市场上经营同类产品的企业很多，而且都没有足够的能力来影响现行价格，任何一个企业的产品销量在市场上的增减变动，对整个市场的影响微不足道。不同企业生产销售的同类产品具有很强的同质性，顾客不易加以区分。企业进入或退出这个行业也较为容易。

这种市场的竞争程度很高，企业基本无法控制自己产品在市场上的售价，产品价格主要是由市场上的供求关系所决定，企业仅能被动地接受。因此，科特勒建议，在完全竞争的市场条件下，企业没有必要在营销战略上花许多时间。

2. 寡头竞争市场

寡头竞争的市场中只有少数几家销售商，它们所生产和销售的某种产品占这种产品的总产量和市场销售总量的绝大比重，它们之间的竞争就是寡头竞争。显然，在这种情况下，它们有能力影响和控制市场价格。在寡头竞争的条件下，各个寡头企业是相互依存、相互影响的。科特勒指出，在这种情况下，各个寡头企业对其他企业的市场营销战略和定价战略要非常敏感，因为任何一个寡头企业调整价格都会马上影响其他竞争对手的定价政策，因而任何一个寡头企业作决策时都必须密切注意其他寡头企业的反应和决策。

寡头竞争的形式有两种：

（1）完全寡头竞争。在这里，各个寡头企业的产品都是同质的（如钢铁、石油、轮胎等）。用户对这些企业的产品并无偏好，不一定买哪一家企业或哪一种品牌的产品。例如，用户购买钢材时可按钢种、型号、规格等技术指标订货，而不一定是哪一家公司的钢材。因为用户认为这些寡头企业是无区别的，所以完全寡头竞争又叫作无区别的寡头竞争。在完全寡头竞争的条件下，每一个寡头资本家都时刻警惕着其竞争对手的战略和行动。如果某一家寡头企业降低产品价格，用户就会纷纷转向这个企业，这样就会使其他几家寡头企业不得不随之降价或增加服务。在这种情况下，这家寡头企业就要考虑是否降价，因为如果它降价，其竞争对手必然随之降价，结果谁也没有得到好处，最多只能吸引一些新顾客。反之，如果某一家寡头企业提高产品价格，其竞争对手绝不会随之提价，在这种情况下，这家寡头企业必然撤销提价，否则就会失去很多顾客。所以，在完全寡头竞争的条件下，整个行业的市场价格较稳定，但各个寡头企业在广告宣传、促销等方面竞争较激烈。

(2)不完全寡头竞争。在这里，各个寡头企业的产品(如汽车、电脑等)都有某些差异。因此，从顾客方面说，他们认为这些企业的产品是有区别的，对这些产品有所偏好，这些产品是不能互相代替的，所以这种寡头竞争又叫做差异性寡头竞争。从寡头企业方面来说，每一个寡头企业都千方百计地使自己变成有区别的寡头，使顾客深信任何其他寡头企业的产品都不如它的产品好，不能代替它的产品。这样可以将本企业的有区别的名牌产品的价格定得较高，以增加赢利。

3.完全垄断市场

在这种市场结构中，一个行业只有一个销售商，它完全控制了该产品的市场，市场上也不存在该产品的替代品。由于种种原因，其他企业难以进入该市场。

这种市场基本不存在竞争，企业可以根据自己的意图制定产品价格。企业为了提高利润率，往往会通过减少对市场的供应量，造成供不应求，以便提高产品价格，从而取得不正常的超额利润。严格地讲，现实中不存在完全垄断的市场，但在某些情况下有着近似的市场结构，例如拥有某产品专利权的企业、完全控制了某种生产原料或某市场的销售渠道的企业等。另外城市中的公用事业或某些特殊行业的企业，一般是独家经营，如电力公司、邮电局等。但科特勒仍然提醒企业，完全垄断不宜采用不正常的高价，侵犯顾客的利益，因为政府常常对处于这种市场的企业的产品进行监督和干预。

4.垄断竞争市场

垄断竞争可以说是一种不完全竞争。在垄断竞争的市场上有许多卖主和买主，但各个卖主所提供的产品有差异，或购买者在心理上认为它们有差异，其需求曲线不是水平的，因此各个卖主对其产品有相当的垄断性，能控制其产品价格。这就是说，在垄断竞争的条件下，卖主已不是消极的价格接受者，而是强有力的价格决定者。

在不完全竞争的条件下，卖主定价时广泛地利用心理因素。在这种条件下，产品差异是制造商控制其产品价格的一种主要战略。例如，不同企业所生产的阿司匹林实质上都是一种东西，但不同品牌的药品制造商千方百计地通过广告宣传和包装等来影响广大消费者，使消费者在心理上认为它们有差异。因此，不同品牌的阿司匹林价格有所不同。

在垄断竞争条件下，科特勒提醒企业，要努力开发不同的产品，以便适应不同细分市场的需要，比如可以广泛地采用其他营销策略使自己的产品与其他产品区分开来。

营销经典：V-MAX 定价策略

雅马哈是世界第二大摩托车制造商。1984 年，它的新产品 V-MAX 在当时被认为是世界上最快、最令人激动的摩托车。它的外观设计看起来很有气势。V-MAX 有 100～104 千瓦的发动机，这是世界上最大的发动机，动力强劲。可以说，新产品的性能还是有相当优势的。营销者们将定价策略的制定提上日程。他们首先考虑了消费者的预期心理。消费者希望得到速度最快、性能最佳的摩托车，并且愿意为此付出高价，他们认为 5000～5500 美元的价格对于 V-MAX 来说是合理的。营销者们还考虑了市场上同类产品的情况，雅马哈的价格决策者们充分分析了科达、铃木、BMW 的产品的性能、价格等因素，将企业自身的实力与之相比较，得出客观的结论。雅马哈的营销者们还估计了新产品的价格构成，包括制造成本、运输费用、经营费用、经销广告费用等。经过多方的分析比较，最后，营销者们将新产品 V-MAX 的价格定为 5299 美元，接近了当时市场最高价。可以看出，营销者们在价格数字上采用了尾数定价方法，即定价为 5299 美元而不是 5300 美元。此外，配合新产品上市，雅马哈公司进行了大规模的宣传促销活动，广泛宣传了新产品 V-MAX 独一无二的外观设计和它的举世赞叹的高超性能。

雅马哈公司周密的新产品定价策略，使得新产品一上市就获得巨大成功，公司迎来了勃勃生机。到 1988 年，雅马哈公司随着市场情况的变化而进行了价格策略调整，将产品有限供给和高价相结合。这样在市场上进一步树立 V-MAX 的良好形象，赢得了巨大的声誉。

　　雅马哈的成功定价策略正像雅马哈生产经理所说："通常情况下，消费者有他们自己的意愿价格。而这种意愿价格通常比实际成本低25%。对于企业来说，一方面要寻求降低成本，另一方面要使产品有特色，令其更加吸引人，这样就有人愿意为这种产品支付额外的钱。"

案例分析

　　产品的价格是市场营销的工具之一，产品定价有多种方式，其中以顾客的心理定价最为有效。V-MAX 摩托车的营销者们把价格定在 5299 美元而不是 5300 美元，这充分利用了尾数定价心理，让消费者主观上认为自己捡了个大便宜，因此，V-MAX摩托车获得了成功。

第二节

选择适当的定价方法

　　科特勒认为，成本为价格规定了下限，消费者对产品价值的看法为价格规定了上限，公司必须在考虑竞争价格和内外部因素的基础上，在上述两个极端中间找到最好的价格。一般来说，企业的定价方法大约有 3 种：以成本为基础的定价、以价值为基础的定价和以竞争为基础的定价。

以成本为基础的定价

　　以成本为基础的定价法是以企业产品成本作为基础的定价方法，这种方法的优点是"量出而入"，将本求利，计算简单。

　　科特勒认为，以成本为基础的定价方法主要包括加成定价和盈亏平衡定价两种方法。

1. 加成定价法

　　加成定价法，也就是成本加成定价法，首先确定单位变动成本再加上平均分摊的固定成本组成单位完全成本，在此基础上加上一定比例的利润，作为单位产品价格。在计算时，应先统计出总的产销量，然后在每个单位产品成本的基础上加上应缴纳税金和预期利润率。售价与成本的差额占成本的比例即为加成，其基本公式如下：

(1) P=C（1+t）（1+r）

(2) P=C（1+t）÷（1-r）

公式中：P 为单位产品价格；C 为单位产品成本；t 为税率；r 为加成率。（1）是顺加法；（2）是倒扣法。商业企业往往采用倒扣法。

这种方法计算简单，简便易行，成本资料直接可得。"将本求利"的把握较大，对买卖双方相对公平。它适用的范围比较广泛，制造商、中间商以及建筑业、科研部门和农业部门经常使用这种方法，特别是销售量与单位成本相对稳定，供求双方竞争不甚激烈的产品更为适用。采用这种定价方法的关键是加成率。企业要根据单位成本、市场和产品特点等合理确定加成率。这种方法的主要缺点是没有考虑到不同价格需求量的变动情况，不能确切测定产品的销售量。同时，对市场竞争的适应能力较差，定价方法也不灵活。

2. 盈亏平衡定价法

盈亏平衡定价法，是以补偿完全成本为界限，测算保本销售量，并推算价格的一种定价方法。它的出发点是企业首先确定保本销售价格，然后再确定保证一定预期利润的销售价格。因此，这种定价方法也属于完全成本定价法的范围。

(1) 确定保本销售量。保本销售量是指商品销售收入等于总成本加税额时的销售量。即：

销售收入 = 完全成本 + 税额

其中：销售收入 = 商品价格 × 销售量

(2) 计算保本销售量价格和预期利润销售价格，根据保本销售量公式推导出：

$$保本价格 = \frac{固定成本总额 + 单位变动成本 \times 销售量}{销售量 \times （1-税率）}$$

或

$$预期利润 = \frac{预期利润额 + 固定成本总额 + 单位变动成本 \times 销售量}{销售量 \times (1-税率)}$$

销售价格

应纳增值税 = 价格 × 税率

这种定价方法一方面为企业选择最优价格提供了依据，使企业在竞争中做到心中有数，另一方面企业还可以根据市场供求和竞争强弱，调整预期利润，形成灵活的价格。

以价值为基础的定价

以价值为基础的定价方法是指厂商以消费者对商品的理解和认识程度为依据制定商品价格的方法，也称需求导向定价法。这种方法的思路是：企业定价的关键不在于卖方的生产成本，而在于买方对商品价格的理解水平。一般来说，消费者在购买商品时，对商品的质量、性能、用途及价格都有自己一定的认识和基本的价值判断，也就是说消费者会自己核定一下以一定的价格购买某商品是否值得。当商品价格与消费者对其价值的理解和认识水平相同时，就会被消费者所接受，反之，则消费者难以接受或不接受。

因此，企业在生产某产品前，首先要估测消费者对该商品可能给出的理解水平，并以此制定价格，然后再根据这一价格预测可能的销售量、生产能力、生产成本等，最后推测有无利润，决定是生产还是放弃生产。对于现实商品来说，企业应努力创造出本产品与其同类产品的差别，通过一切可行的促销手段，宣传自己的产品，以便使消费者对该产品有较深印象，使价格与消费者的认识保持一致。

采用以价值为基础的定价法的关键，是要比较准确地估计消费者对产品的理解水平。估价过高，定价过高，就会失去消费者；估价过低，定价会偏低，则影响企业效益。通常采用的估价方法有 3 种：

1. 直接评价法

邀请用户及有关专家，要求他们按照自己对不同企业同种产品价值的不同理解，直接评定出不同企业同种产品的等级价格。

2．相对评分法

将几家产品的价值之和定为100分，要求评议人员根据对不同企业同一产品的价值理解，把100分分配在几个产品上，然后将每个产品得分的比率与市场平均价格相乘，结果再乘以3得出各产品价格。例如A产品得分42％，B产品得分33％，C产品得分25％，如果该产品市场平均价为100元，则：

A产品价格 $=100 \times 42\% \times 3 = 126$（元）

B产品价格 $=100 \times 33\% \times 3 = 99$（元）

C产品价格 $=100 \times 25\% \times 3 = 75$（元）

3．价值心理定价法

它是根据消费者在不同需求层次的价格心理制定的价格，使之成为消费者的可接受价格。消费者的价格心理主要有物美价廉心理、习惯价格心理、按质记价心理、价格风险心理等。

以竞争为基础的定价

竞争导向的定价方法就是企业以竞争的价格水平为依据，随着竞争变化情况不断调整自己产品价格的方法。科特勒认为，消费者会用竞争对手类似货品的价格作为判断某产品价值的依据。因此，企业的定价应和主要竞争对手相同或相似，主要有通行定价法、密封投标定价法等。

1．通行定价法

在一个竞争比较激烈的行业中，某个企业使自己的产品价格保持在同行业平均价格水平上的定价方法，又叫随行就市定价法、盯住定价法。它是竞争导向定价法中最为流行的一种做法，在实践中应用相当普遍。在企业竞争的市场上，价格是由无数个买者和卖者共同作用的结果，在这种条件下，企业实际无定价权。若把产品的价格略作变动，要么使企业产品滞销，销售额降低；要么使企业的产品过快脱手，给企业的赢利带来不应有的损失。所以，企业就以同行业平均价格水平作为自己产品的价格。

通行定价法具有很多的优点：第一，现已形成的价格水平代表着行业中所有企业的集体智慧，利用这样的价格，可获得平均利润。第二，依照现行行情定价，易于使本行业中的各企业价格保持一致，免于相互"残杀"，从而使企业着眼于自己服务方式的优化和服务水平的提高，以争取更多的顾客。第三，在企业对一些商品的成本不易核算、市场需求和竞争者的反应难以预料的情况下，采用这种定价方法可以为营销、定价人员节省很多时间。

2. 密封投标定价

密封投标定价适用于一些工程建设项目或某些商品的采购，有关部门将工程项目或所需产品的具体要求公告周知，称为招标。科特勒认为，企业采用这种定价方法不应该以企业自身的成本和需求为基础，而是要以竞争者定价的预测为基础，既然企业的目的是要中标，那么企业的定价就必须要低于其他企业才能获得机会。

另外，在科特勒看来，在顾客的眼里，产品的价格和质量是相互影响的。价格是产品质量的一个指示器，消费者在购买产品前，会千方百计获得其他关于产品质量的真实信息。如果消费者能获得这些信息，价格会被消费者忽略，但当消费者无法获得有关产品质量的信息时，价格就会成为产品质量的标志。企业应注意一点，产品定价要反映产品质量，否则，消费者会有一种受骗的感觉，从而影响企业的长期营销计划。

轻松小看板

在市场经济中，商品价格的运动是有规律可循的。当你认真地按时间顺序对某种商品价格进行记录后，就会发现价格总是围绕着一个轴心在运动。当某一产品在市场上供不应求，价格就会上涨而高于价值的时候，生产者生产这一商品就有利可图，商品生产者为了追求利润，纷纷转向生产这一产品，这样大批的这种商品就会被生产出来，导致市场上这一商品供过于求，商品的价格就会下降而低于价值，商品生产者无利可图，就又转为生产其他商品。

选择新产品定价策略

科特勒指出，定价策略一般要随产品生命周期的变化而相应地改变，而处于导入期的新产品定价则是一个十分重要的问题。他认为，企业可以在撇脂定价和市场渗透定价两种战略中进行选择。

1. 撇脂定价

撇脂定价指发明新产品的企业最初设定高于竞争产品的最高价。企业为那些具有独特优势的新产品定价时通常使用这种策略。在新产品生命周期的展开过程中，企业可以通过降低价格来扩大市场份额。经济学家把这种定价类型称作"沿需求曲线下滑定价"，但并不是所有的企业都能这样做。

当顾客愿意以高出市场平均水平的价格购买产品的时候，撇脂定价是最合适的定价方法。当然，就像科特勒指出的，这必须是以产品的质量和企业的良好形象为前提的。例如，如果一些购买者认为某一公司的产品远远优于竞争者的产品时，那么该公司就可以成功地索要较高的价格。同样，当一种产品受到良好的法律保护，或者它反映了技术上的突破，或者它在某些方面可以阻止竞争对手时，都可以有效地使用撇脂定价。当生产产品有技术难度、有技术或时间限制，使生产不能迅速扩散时，管理人员可以使用撇脂定价策略。只要是需求大于供给，撇脂定价就是可行的。

成功的撇脂定价策略使管理层得以快速收回产品开发以及推广成本，即使市场认为初始价格过高，管理人员也可以通过降价轻易地解决问题。通常，企业以高价来试探市场，如果销量过低时再降价这样的方式是更好的。这是因为如果市场上有一些愿意出高价的购买者，那么企业就要首先获得这个市场并使每单位收入最大化。撇脂定价不仅仅发生在产品的定价上，各种服务行业都可使用撇脂定价。

科特勒最后提醒企业，采用撇脂定价前必须确保竞争对手不能轻易进入该市场。

2. 渗透定价

渗透定价是与撇脂定价相对的定价策略，渗透定价是指给产品制定相对较低的价格以便进入大众市场。低价位可以占领大量的市场份额，从而降低生产成本。如果一位营销主管将获取大的市场份额作为企业的定价目标，那么渗透定价策略是理所当然的选择。

然而，渗透定价也意味着降低单位利润，因此科特勒指出为达到保本点，企业必须确保随着产品销售量的增加，企业的成本要随之降低。如果实现高销售量需要很长时间，那么收回产品开发成本的过程也将是缓慢的。正像你可能预期的那样，渗透定价可以缓和竞争。科特勒指出，在价格敏感的市场上采取渗透定价更有效。当需求富有弹性的时候，由于可以使用较低的价格扩展市场份额，因此应该迅速地降低价格。而且对价格的敏感程度以及竞争往往会产生较低的初始价格，而后来的降价则比较缓慢。

轻松小看板

为新产品定价时，企业应注意考虑以下几个因素：

(1) 相关的细分市场。

(2) 顾客或最终用户需求的多样化。

(3) 竞争者对新产品的定价可能采取的行动或反应。

(4) 成本因素。

(5) 市场营销渠道策略。

营销经典：一次纯牛奶的定价策略

某企业在进入乳品行业初期，对主推纯牛奶采取的是243ml/袋，百利色包装形式，产品规格20袋/箱，产品供货价19元/件，终端零售价20元/件，产品销售量每日不足12吨，企业处无利甚至亏损状态。针对这种情况，企业把每袋牛奶的容量改为200毫升/袋，规格24袋/箱，为了制定比较合理的价格，企业在确定之前做了深入的市场调查。调查发现，乳制品行业作为一个朝阳行业，液态奶产品处于一个高速发展阶段，市场容量较大，行业兴盛，同时从网上查看了全国各地区牛奶产品的价位，作为百利色产品的销售单袋价格均在1元，而整个箱由于包装规格不同，产品价格有所不同，但折合每袋价格仍在0.9～1元之间。

另外，对整个市场竞争产品进行分析，发现产品规格，包装趋于一致，产品价格同一规格的售价一致，供货价也一致，但因促销买赠下来差别较大，低的折算下来只18元／件，而高的在22元／件，是市场上的主流。

加上本企业原先规格产品供货价19元，零售与整箱购买对渠道而言利润一致，虽然整箱利润与竞品一致，但零售与竞品相比价差1元，终端有微异，从而也影响终端零售店主的零售推荐力。

在企业本身看来：第一，企业对奶业发展充满信心，企业的目标是让全省人民喝上一杯放心奶，因而在后期会对乳业在推广、品牌、宣传上进行大的投入，因而产品定价需要包括此部分空间利润。第二，企业母公司规模较大，财务状况良好，并拥有几个千头牛场，奶源质量高，奶源的优势产品质量好明显，但对产品价格定位是白金品质，白银价格，是追求市场份额的企业。第三，企业的乳业处于市场发展初期，尚无品牌优势，而且纯奶产品的市场地位属于跟随者地位。第四，从企业处的市场环境来看，牛奶产品正处于销售势头的上升期，销售量会大幅提升。

根据对各因素的综合考虑，结合市场的调查结果通过分析，采取竞争导向定价法的随行就市定价法，该企业将产品的定价定位在中档价位，价格定在22元／件，建议零售价23～24元／件，考虑市场后期发展的不可预见性，并建议企业在产品推广中提2元用于产品的推广费和促销费用。根据这一方案执行后，企业产品顺利上市，并形成大的销售量，取得定价的成功。

案例分析

产品的价格是市场营销的工具之一，产品定价有多种方式，其中很重要的一点就是要根据市场调整自身的价格，案例中的企业通过对市场、对手以及自身的分析，最后得出价格定在22元／件最为适宜。因此，最终，该企业的产品取得了成功。

营销经典：凯特比勒的感觉价值定价

美国凯特比勒公司是一家生产和销售牵引机的公司，它的定价方法十分奇特。一般牵引机的价格均在 20000 美元左右，然而该公司的牵引机却报价 24000 美元，每台约比同类产品高出 4000 美元，即 20%。但是它的销路却很好。其中的缘由何在呢？原来，它们有一套说服人的妙术。

当顾客上门时，看到报价当然要问，为什么贵公司牵引机的价格要比别家高出那么多呢？这时，公司的经销人员就会列出账单给你算一笔账：

20000 美元，是与竞争者同一型号的机器价格。

3000 美元，是因产品更耐用而必须多付的价格。

2000 美元，是产品可靠性更好而多付的价格。

2000 美元，是本公司服务更佳而多付的价格。

1000 美元，是保修期更长多付的价格。

28000 美元，是上述应付价格的总和。

4000 美元，是折扣。

24000 美元，是最后价格。

这么一笔账明白地告诉客户，根本没多收你一分钱，而是你花了 24000 美元买了一台值 28000 美元的牵引机，是你占了便宜，而非公司牟取了暴利。从长远看，购买这种牵引机的成本比一般牵引机的成本更低。

至此顾客能不动心吗？

案例分析

感觉价值定价实际上是一种价值心理定价法，即根据消费者的心理制定价格，使之成为消费者可接受的价格。凯特比勒公司通过账单的详细说明，让顾客在思想上切实感觉其所付价格物有所值，同时还将公司对顾客的诚意做了巧妙的表达，可谓"一箭双雕"，使消费者心悦诚服地购买高价商品。

第三节

以变为上，适时调整价格

科特勒提醒企业，产品的价格不能从制定起就一成不变地实行下去，由于受到产品生命周期、消费者喜好和市场需求的变化，企业应该根据实际需要对价格做出相应的调整。对于如何调整产品价格，科特勒给出了几种方法：折扣定价、差别定价、心理定价、促销定价和地理定价。

折扣定价

折扣定价策略，是指利用各种折扣和让价吸引经销商和消费者，促使他们积极推销或购买本企业商品，从而达到扩大销售、提高市场占有率的目的。主要形式有：

1. 现金折扣

这是企业为了加速资金周转，防止呆账出现，给予现金付款、提前付款或迅速支付货款的买主一定比例的优待。采用这种策略，虽然企业付出了一定的代价，但它可以吸引顾客用现金支付和提前付款，减少企业风险，促进资金迅速回收，又可进行扩大再生产，从而使企业形成良性循环。这种折扣形式在西方企业中采用较多。

2．数量折扣

数量折扣是指当购买者的购买达到一定数量或金额时，企业给予一定折扣，分为累进折扣和非累进折扣两种。非累进数量折扣指在每次购买中，当购买量达到一定标准时，给予折扣，购买量越大，折扣越大。非累进数量折扣鼓励顾客大量购买，购买量大，企业销售成本减少，资金周转加快。有些企业也以顾客每次在该店的购买金额给予折扣，不论购买同一产品还是不同产品，只要购买金额达到一定量，就给予折扣。

累进数量折扣指一定时间期限内，顾客累计购买量（或购买金额）达到一定标准，就给予折扣。同样，数量或金额越大，折扣越大。折扣时间的长短，可根据企业情况随意制定，如一周、一月、一季或一年。

3．季节性折扣

生产季节性产品的企业，对销售淡季来采购的买主，给予折扣优待，鼓励中间商及用户提早采购。这样有利于减轻储存压力，从而加速商品销售，使淡季也能均衡生产，旺季不必加班加点，有利于充分发挥生产能力。

差别定价

所谓差别定价，也叫价格歧视，就是企业按照两种或两种以上不反映成本费用的比例差异的价格销售某种产品或劳务。

1．差别定价的 4 种形式

（1）顾客差别定价，即企业按照不同的价格把同一种产品或劳务卖给不同的顾客。例如，某汽车经销商按照价目表价格把某种型号汽车卖给顾客 A，同时按照较低价格把同一种型号汽车卖给顾客 B。这种价格歧视表明，顾客的需求强度和商品知识有所不同。

（2）产品形式差别定价，即企业对不同型号或形式的产品分别制定不同的价格，但是，不同型号或形式产品的价格之间的差额和成本费用之间的差额并不成比例。

（3）产品部位差别定价，即企业对于处在不同位置的产品或服务分别制定不同的价格，即使这些产品或服务的成本费用没有任何差异。例如剧院，虽然不同座位的成本费用都一样，但是不同座位的票价有所不同，这是因为人们对剧院的不同座位的偏好有所不同。

（4）销售时间差别定价，即企业对于不同季节、不同时期甚至不同钟点的产品或服务也分别制定不同的价格。例如，美国公用事业对商业用户（如旅馆、饭馆等）在一天中某些时间、周末和平常日子的收费标准有所不同。

2．差别定价的 6 个条件

（1）市场必须是可以细分的，而且各个细节市场须表现出不同的需求程度。

（2）以较低价格购买某种产品的顾客不可能以较高价格把这种产品倒卖给别人。

（3）竞争者不可能在企业以较高价格销售产品的市场上以低价竞销。

（4）细分市场和控制市场的成本费用不得超过因实行价格歧视所得额外收入，这就是说，不能得不偿失。

（5）价格歧视不会引起顾客反感，放弃购买，影响销售。

（6）采取的价格歧视形式不能违法。

心理定价

心理价格策略主要是零售企业的价格策略。零售企业直接面对最终消费者，消费者心理需求是影响购买行为的重要因素，因而也成为制定价格策略的重要因素。

1．整数价格策略

对于价格较高的商品，如高档商品、耐用品或礼品等可以采取整数价格策略。企业为了迎合消费者"价高质优"的心理，给商品制定一种整数价格。当消费者得不到关于商品质量的其他资料时，为了购买高质量的商品，常常有"高级店，高级货"、"高价钱，是好货"的心理，以价格高低来辨认商品质量的优劣。整数价格策略利用的正是这一心理。而且，采用整数定价，在种类繁多的商品选购中，给顾客以方便，有利于商品的选择。

2. 尾数定价

尾数定价是指保留价格尾数，采用零头标价，将价格定在整数水平以下，使价格保留在较低一级档次上。尾数定价一方面给人以便宜感，另一方面因标价精确给人以信赖感。对于需求弹性较强的商品，尾数定价往往能带来需求量大幅度的增加。如将价格定为19.80元，而不是20元，往往会增加销售量。

3. 声望定价

声望定价指针对消费者"一分钱一分货"的心理，对在消费者心目中享有声望、具有信誉的产品制定较高价格。价格高低时常被当作商品质量最直观的反映，特别是在消费者识别名优产品时，这种意识尤为强烈。这种声望定价技巧，不仅在零售商业中广泛应用，在饮食、服务、修理、科技、医疗、文化教育等行业也运用广泛。

4. 招徕价格策略

为了迎合消费者求廉心理，暂时将少数几种商品减价来吸引顾客，以招徕生意的策略叫招徕价格策略。其目的是把顾客吸引到商场中来，在购买这些低价产品时也购买其他商品。但必须注意：该策略对日用消费品和生活必需品比较奏效，商场的规模必须较大；削价必须真正能吸引顾客；降价的产品品种和数量要适当。

5. 习惯价格策略

在定价时参考已经存在的习惯价格进行定价。习惯价格是指那些顾客已家喻户晓、习以为常，个别生产者难以改变的价格。即使生产成本提高很大，再按原价出售变得无利可图时，企业也不能提价，否则会引起顾客的不满，只能采取降低质量、减少分量的办法进行调整；还可以推出新的花色品种，改进装潢以求改变价格。

促销定价

促销定价是指公司为达成某种促销目的所做的暂时性及短期的定价。

利用季节转换的机会实行商品大减价，是促销常用的手段。在国外百货公司通常每年都有两次换季大减价，即冬季和夏季大减价，各厂家也利用此机会实施减价促销策略。

1. 需求季节差价策略

根据产品在一年四季中的不同需求程度和需求量，实行季节差价，即产品价格随着季节的变化而做出相应的调整。典型的例子如冬季服装到了冬季末、春季初就要大幅度降价促销，否则过了一年款式可能就被淘汰，不符合消费者需要了。

2. 周末特价策略

为了吸引周末休息的人们踊跃购买商品，许多商店采用周末特价或周末大酬宾的策略招徕平时无暇光顾的顾客。不仅商店，生产厂家也可以采用这一价格策略吸引目标顾客，如家用电器厂家可以实行对周末购买本企业产品的顾客实行现金回扣、提供额外服务或赠送小商品的做法。

3. 每日特价策略

产品种类和系列比较多的企业还可以实行每日特价策略，即星期一到星期天每天有一种款式的产品以特别优惠的价格出售，这样每一天都能够吸引相应的消费者购买一定的产品。

4. 不同时段的优惠价策略

针对某些产品的购买或消费过于集中在一定时段的情况，企业可以采用不同时段实行不同价格的策略，如电影院白天场次的票价低于晚间场次。

地理定价

企业在制定价格时难免要碰到是否应对边远地区的顾客收取较高的价格，以弥补较高的装运成本及赢得增加的业务，或者是如何交付款项的问题。

当购买者缺乏足够的硬通货来偿付他的购买物时，这一议题就是严重的。

根据地理因素调整价格主要分为以下几种：

1．按产地在某种运输工具上交货定价

所谓按产地在某种运输工具上交货定价，就是顾客（买方）按照厂价购买某种产品，企业（卖方）只负责将这种产品运到产地的某种运输工具（如卡车、火车、船舶、飞机等）上交货，交货后，从产地到目的地的一切风险和费用概由顾客承担。如果按产地的某种运输工具上交货定价，那么每一个顾客都各自负担从产地到目的地的运费，这是合理的。但是这样定价对企业也有不利之处，即远地的顾客就可能不愿购买这个企业的产品，而购买其附近企业的产品。

2．统一交货定价

这种战略和前者正好相反。所谓统一交货定价，就是企业对于卖给不同地区顾客的某种产品，都按照相同的厂价加相同的运费（即平均运费计算）定价。也就是说，对不同地区的顾客，不论远近，都实行一个价，如邮资定价（目前我国邮资也采取统一交货定价，如平信邮资，全国各地都是一个价）。

3．分区运送价格策略

这种策略指从卖方角度，把市场划分为几个大的区域，根据这些区域的距离远近，不同的区域采用不同的运费标准，然后把运费加到价格中去的价格策略。与卖者距离不同的区域制定不同的价格，但每个相同区域内收取统一价格。一般原材料产品和农产品都实行这种价格。

4．基点定价策略

基点定价即卖方选某些城市作为基点，按产地价加基点（最靠近顾客所在地的基点）至顾客所在地的运费来定价。采用这一策略可以使卖方产品在各地的交货价基本一致，有利于开拓远地市场，扩大销售。它适用于笨重商品、运费占成本比重较大的商品。

5．免收运费定价策略

免收运费定价策略指的是卖方承担产地至顾客所在地全部运费，统

一按出厂价出售产品的定价策略。由于产地与顾客所在地的距离不同，采用这一策略，可以减轻远地顾客的运费负担，有利于保持市场占有率，开拓新的市场。

轻松小看板

企业制定价格无论采取何种策略，从长期和整体的角度来看，其商品价格必须要收回成本并获取合理利润。虽然在市场上商品所处的环节有所不同，构成价格的要素也有所区别，但是所有商品价格都是由四个基本要素组成，即生产成本、流通费用、税金和利润。

第四节

各方对价格变动的反应

由于客观环境变化，企业必须要适时提升或降低产品的价格。科特勒指出，任何价格变化都将受到顾客、竞争者、分销商、供应厂商，甚至是政府的注意。因此企业在意图调整价格时，必须充分研究、分析各方面对此可能产生的反应。另外，面对竞争对手的调价，企业也应该制定合理的价格策略，以免失去市场份额。

掌握价格变更的时机

科特勒指出，在制定好定价结构和战略之后，企业经常面临的情况是它们必须发动价格改变或者对竞争对手发动的价格改变做出反应。

1. 发动降价

科特勒考察了会使企业考虑降低原价的几种情况，其中第一种导致价格改变的情况是生产能力过剩。企业需要扩大业务，然而有时增加销售力量、改进产品或者采取其他可能的措施都难以达到目的。这时企业会放弃"追随主导者"的定价方法，即设定与主要竞争对手相同的价格，采用攻击性减价的方法来提高销售量。但是在生产能力过剩的行业减价会挑起价格战，因为竞争对手都要设法保住自己的市场份额。

另外一种导致价格改变的情况是，面临激烈的价格竞争，市场份额下降。例如，在美国，由于价格的竞争，出现了几个美国行业把市场份额丢给了日本竞争对手的现象，其原因是这些日本竞争者的产品质量更高、价格更低。面对这种情况，美国企业不是坐以待毙，而是采取了更有攻击性的定价行动来作为反击。通用汽车公司就是在与日本激烈竞争西海岸时，把它的超小型汽车价格降低10%。

企业还可能是为了控制市场通过降低成本来减价。不管企业是从低于竞争对手的成本开始，还是从夺取市场份额的希望出发，都会通过销售量的扩大进一步降低成本。博士伦就是率先采用了具有攻击性的低成本、低价格战略，使自己成为软性隐形眼镜竞争市场中的早期领导者。

2．发动提价

虽然提价会引起消费者、经销商和企业推销人员的不满，但是一个成功的提价可以使企业的利润大大增加。引起企业提价的主要原因如下：

（1）由于通货膨胀，物价上涨，企业的成本费用提高，因此许多企业不得不提高产品价格。提高"实际"价格有几种方法，每种方法对顾客产生的影响却不同。科特勒建议使用以下几种调价方法：第一，采取推迟报价定价的战略，即企业决定暂时不规定最后价格，等到产品制成时或交货时方规定最后价格。在工业建筑和重型设备制造等行业中一般采取这种定价战略。第二，在合同上规定调整条款，即企业在合同上规定在一定时期内（一般到交货时为止）可按某种价格指数来调整价格。第三，采取不包括某些商品和服务定价战略，即在通货膨胀、物价上涨的条件下，企业决定产品价格不动，但原来提供的某些服务要计价，这样一来，原来提供的产品的价格实际上提高了。第四，减少价格折扣，即企业决定削减正常的现金和数量折扣，并限制销售人员以低于价目表的价格来拉生意。第五，取消低利产品。第六，降低产品质量，减少产品特色和服务。企业采取这种战略可保持一定的利润，但会影响其声誉和形象，失去忠诚的顾客。

（2）企业的产品供不应求，不能满足其所有的顾客的需要。在这种情况下，企业就必须提价。提价方式包括：取消价格折扣，在产品大类中增加价格较高的项目，或者开始提价。为了减少顾客不满，企业提价时应当向顾客说明提价的原因，并帮助顾客寻找节约途径。

轻松小看板

> 休布雷公司生产的史密诺夫酒，在美国伏特加酒市场中享有较高声望。20世纪60年代，美国一家公司推出新型伏特加酒，其质量不比史密诺夫酒差，但每瓶定价低1美元。休布雷公司面对降价竞争，并未惊慌失措，而是认真进行市场分析，大胆做出了史密诺夫酒提价1美元的决策，同时生产与竞争者相同价格的色加酒和价格更低的波波酒。这一战略大获全胜，休布雷公司巩固了市场地位，扩大了销售，保持了该公司在市场上的主导地位。

购买者和竞争者对价格变动的反应

企业在进行调价决策时，要考虑一个所谓"最小觉差"的问题，即企业对某种产品的调价幅度，是否能为顾客或竞争者所知觉到，是否能引起他们的足够注意。如果企业不愿使顾客或竞争者意识到产品价格已有变动，那么调价应小于最小觉差。否则调价幅度应大于最小觉差，例如企业意图以降价吸引顾客，但如果降价幅度太小，顾客并未知觉，企业不仅销售量没有增加，反而会使利润率下降。竞争者对调价的知觉程度还与其所处的市场结构有关，如果企业处于近似于完全竞争的市场结构中，产品的价格变动不易引起竞争者的注意。如果是处于寡头垄断的市场结构中，竞争者对企业的任何价格变动都会有很高的敏感性。

如果顾客或竞争者已意识到价格的变动，就会试图对其做出自己的解释。科特勒认为，顾客对价格变动的解释通常与企业调价的意图不相符，例如企业因成本下降，试图薄利多销，还利于民，决定适当降价，但顾客可能认为这是因为产品积压或品质下降，而减少购买量。因此，企业在调价之前，要采取多种促销方式，将有关信息输送给顾客，使价格变动能对顾客产生企业预期的导向。竞争者对某企业的调价行为也会从自己竞争角度进行分析、解释，这种分析和解释是建立在竞争者所收集的信息基础之上，以此揣摩某企业调价的真实意图。例如，当某企业将产品降价，竞争对手根据不同情况可能会得出这些解释：是要夺取新的市场份额，或者是要刺激需求增长，或者是临时的降价行为，或者仅是处理库存，等等。

科特勒指出，顾客或竞争者是根据其解释而采取相应的反应行为，因此企业要对这种反应作一定预测，并制定相应的对策。例如企业在决定产品降价时，就要考虑到：如果顾客的购买量没有显著增加，竞争对手也采取降价手段报复，企业应如何应付。在价格变动之后，企业需要密切注视顾客或竞争者的实际反应情况，并及时将有关信息反馈回来，以便做出进一步的决策。

第五章

渠道是传递产品
价值的重要途径

——渠道策略

第一节

渠道方案的选择与管理

科特勒认为，在现代经济社会中，中间商绝对不是可有可无的，它的存在将意味着营销方式的多样化和深层次。他认为渠道的主要作用在于消除了产品服务与消费者之间在时间、地点和所有权上的差距，渠道成员在其中承担了许多关键的职能，为了渠道成员能起到真正的营销作用，企业应该慎重选择渠道并对其进行监督和评价。

渠道级别及渠道组织

1. 建立分销商的级别

分销渠道的作用很大，企业应正确规划分销渠道。

科特勒把分销渠道分为了4个等级：零级渠道、一级渠道、二级渠道和三级渠道。

零级渠道（直接分销）由将产品直接提供给目标接受者的机构组成，这种直接推销一般通过挨家挨户、邮寄形式或自己的销路进行；一级渠道有一个分配中介，比如零售药店；二级渠道包括两个中介：经销商和零售商；三级渠道有3个中介：经销商、批发商和零售商。

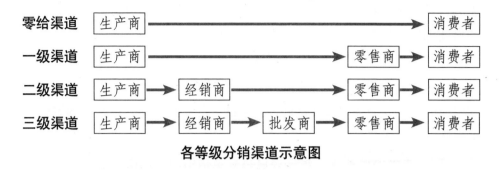

各等级分销渠道示意图

从上图可以看出，分销渠道是不同企业为了共同利益而连在一起的结合体，渠道成员之间是一种相互依赖的关系。

2．四大分销渠道

上述分渠道的级别即各渠道成员之间的关系不是一成不变的，一般来讲，分销渠道系统有 4 种类型。

（1）直接渠道系统。传统的直接营销是指上门推销。随着科技的发展，特别是社会信息化，直接渠道系统内容日益丰富，比如直邮广告、电话直销、电视直销、邮购直销、网络直销、会议直销等。尤其是互联网的商用化开发和普及，工商企业在网上设立网址，开设电子商场（网上商场），进行网上销售已成为一种具有广阔发展前景的最新的直销商业形态，称之为直复营销。对此，我们将在后面提到。

（2）垂直渠道系统。垂直渠道系统近年来最重要的发展趋势是一改传统的销售渠道中生产者、批发商和零售商互相压制，为着各自利益讨价还价、各行其是，忽视渠道整体利益的状态，而由生产者、批发商和零售商组成一种统一的联合体。不管在联合体中由谁处于支配地位，但彼此形成了统一的兼顾整体利益的系统。其基本特征在于专业化管理和集中执行的网络组织，有利于消除渠道成员之间的冲突，能够有计划地取得规模经济和最佳的市场效果。垂直渠道系统主要有 3 种类型：

①公司垂直渠道系统。它是指由一家公司拥有和统一管理若干个制造商和中间商，控制整个渠道，同时开展生产、批发和零售业务。

②管理式垂直渠道系统。它是由一个规模大、实力强的企业出面组

织的，由它来管理和协调生产和销售的各个环节。名牌制造商有能力从零售商那里得到强有力的贸易合作和支持。

③契约式垂直渠道系统。它是由各自独立的公司在不同的制造商和中间商为了获得其单独经销时所不能取得的经济效益而以契约形式为基础组成的一种联合体，包括特许经营系统、批发商倡办的自愿连锁组织、零售商合作组织等。

（3）水平渠道系统。水平渠道系统是指由同一层次上的两个或两个以上的公司为共同开拓新的市场机会而联合开发的一个营销机构。当一个企业无力单独进行开发或承担风险时，或相互合作有利于优势互补，能产生协同效应时，企业间就谋求这种合作。企业间的联合行动可以是暂时的，也可以是永久的，还可以创立一个专门的营销公司，这被称为共生营销。

（4）多渠道系统。多渠道系统是指通过两条或两条以上的渠道将产品送到同一个或不同的目标市场。建立多渠道营销系统，可以增加市场覆盖面，降低渠道成本，更好地满足顾客需要，扩大产品销售，提高经济效益。但多渠道营销也有可能产生渠道冲突，因此，企业实行多渠道营销必须加强渠道的控制与协调，使多渠道系统健康发展。

轻松小看板

连锁销售是一种纵向发展的垂直营销系统，是对传统营销渠道的一种挑战，是由生产者、批发商和零售商组成的统一联合体，它把现代化工业大生产的原理应用于商业经营，实现了大量生产和大量销售相结合。传统渠道中，分销商都同时承担买、卖两个职能，而连锁经营中，这两种职能由总部和分店分别承担，总部集中进货不仅可取得价格优势，增加竞争实力，采购者还可以在实践中不断提高选购商品的准确性和科学性，而各分店则既能享受到集中进货带来的低成本优势，还可集中精神从事销售业务，并能根据当地消费者的习惯与特点与消费者建立密切的关系，及时了解消费者市场的变化趋势，为总部提供最佳的市场信息。

渠道策略的制定要考虑的因素

科特勒指出在设计营销渠道时，制造商必须在理想的渠道和实际可行的渠道之间做出抉择。

这是由于各方面的制约因素会影响到渠道目标的实现，企业应在权衡各种制约因素之后，再对营销渠道设计做出决策。

制约渠道策略的因素主要有以下几条：

1. 产品因素

企业应根据产品自身的特点为其选择合适的营销渠道，产品特点主要包括以下几方面：

（1）产品价值。单位产品价越高，营销渠道的层次应越少，营销途径也要尽量短一些。

（2）产品的重量和体积。由于产品的体积和重量会直接影响到产品运输费用和储存费用，因此对于体积大或很重的产品，产需之间应尽量组织直达供应，或者尽量减少不必要的中间环节，以利于降低流通费用。

（3）产品的样式。为了避免积压，企业对于那些式样和时尚要求很高或变化很快的产品，以及季节性的商品，都应尽量地缩短营销途径，加速产品的周转。

（4）产品是否便于运输。如果产品易坏又不便于运输，企业应该选择最短的营销渠道，以免浪费。

（5）定制品与标准制品。如果产品属于定制品，生产者应和消费者直接面谈而不应选择中间商，不宜经过中间环节。标准制品因具有较为固定的品质、规格和式样，一般可通过中间商按样本或产品目录出售。

（6）产品的类型和品种规格。日用消费品需要面广，销售频率较高，一般要经过批发商。特殊品的销售频率很低，一般不经过批发商，由生产者交少数零售商销售。品种规格复杂的产品，一般由生产者直接供应给用户；品种规格少而产量大的商品，可经中间商销售。

2. 市场因素

市场是影响企业制定渠道策略的重要因素，它具体包括以下几个方面的内容：

（1）用户数量。如果市场面高度集中，用户数量又不多，就应缩短营销途径，或者由生产企业直接销售。如果产品市场范围很大，甚至遍布全国，用户的数量又很多，就需要依靠较多的批发商和零售商。

（2）用户的购买数量。如果用户或零售商购买量较小，一般应经过批发商，再由零售商卖给用户。否则，可以直接向生产企业订货，或者只通过一个批发商，而不必再经过零售商。对于规模较大的零售商，每次进货数量较多，可以不必经过批发商而直接向生产企业采购订货。

（3）用户的购买习惯。这是一个既重要又复杂的因素。比如，一般日用消费品，用户要求购买方便，随时能买到，销售网点应尽量分散。由于零售商规模小，营销层次就需要多一些。对于高档高价的特殊消费品，一般应选择专业性商店或大型百货商店经销。有的用户对名牌产品、名牌厂家、名牌商店有特殊偏爱，营销渠道就要适应用户的兴趣。总之，应按照用户的购买动机和购买习惯来选择和决定营销渠道。

（4）市场销售的季节性和时间性。有不少产品包括生产资料和消费品，在市场上销售往往有淡季和旺季之分。一般淡季时营销渠道可短些，旺季时应尽量扩大营销渠道，充分利用中间商的作用。

（5）竞争者的营销渠道。一般来说，同类产品应尽量采用同样的营销渠道。用户在同类产品中可以充分地选择，以利于开展竞争。但是，也必须考虑中间商的能力和服务水平，如果营销渠道不够理想，就应根据需要和可能，发展新的营销途径。

3. 企业本身的因素

在企业制定渠道策略时，除应考虑产品和市场外，还应考虑企业自身的情况，如企业的经营能力、管理水平、售后服务以及企业声誉等。

（1）管理水平。企业选择分销渠道，不但要考虑自身的生产经营能力，还需兼顾自身的管理能力和营销经验。生产能力较强，但缺乏管理能力、销售经验与推销技巧的企业，一般还是依靠中间商推销商品为好。

（2）经营能力。如果企业规模大，资金雄厚，生产经营能力强，企业可以选择自己最为满意的中间商，甚至可以自行组织销售力量从事批发和零售，可以不经过中间环节。但大多数企业都会受到资金或其他方面的限制，而必须依靠中间商的力量。

（3）企业的声誉。只有企业自身的产品质量好、信誉好才能吸引到实力强的中间商。否则，企业应该考虑选择实力相对较弱，但有前景的中间商为企业服务。

（4）售后服务水平。生产者对其产品大做广告或主动承担广告宣传费用，都能使中间商乐意为其销售产品。生产者能提供的售后服务愈充分、愈优惠，中间商经销的兴趣也就愈浓。

4. 国家政策、法令的因素

在市场经济条件下，企业必须遵循国家有关政策、法令的规定。因此，企业在选择分销渠道时，必须充分考虑这一因素。如国家对烟、酒等有专卖规定，经营食品的要有卫生许可证。未取得专卖资格、没有许可证的企业，不得自行生产和销售。有些商品与人民生活密切相关，政府部门根据市场行情变化和产需量实际状况，做出供应办法的调整，如有些时候某些商品限量供应，不可整批、整箱的出售。如果企业在选择分销商时忽略这一点，就有可能会面临法律的制裁。

轻松小看板

一般新产品上市时选择分销渠道可以采取 4 个步骤：

（1）宣传造势与利益诉求。宣传造势，实现品牌信息的全面覆盖，吸引区域市场的分销成员加盟到产品销售渠道中来。

（2）突破市场。通过企业直销队伍对分销成员进行有力的终端辅助推广，有效的终端促销活动拉动消费，形成对市场的成功突破。树立起分销成员对产品的信心。

（3）跟进分销渠道。包括分销网络进一步建立、健全，将点上的突破尽快扩张到面上，通过多元化的渠道整合扩大产品的见货率并提高销售量，还要了解分销商的库存管理、回款管理、售后服务、深度拜访、物流配送、终端理货和终端生动化管理等具体销售管理工作来贴近市场、跟进服务。

（4）系统维护。拥有相对稳定的销售体系和初步的品牌基础。企业还必须重视分销渠道系统的系统管理与维护，包括对渠道设计方案做调整，对品牌与销量的矛盾，渠道成员之间的矛盾等问题进行不断的系统完善和阶段性的整顿调整等。

识别最有效的营销渠道方案

一个公司会有多种不同的营销渠道方案，公司如何才能在众多的渠道方案中选择最有效的一个呢？这就需要公司在以下几方面进行：

1. 确定渠道能提供的服务

营销渠道设计者应首先弄清目标消费群的分布状况，消费地点和消费方式。然后在此基础上确定渠道的功能，明确营销渠道应给消费者提供的服务：

（1）产品多样化。企业的营销渠道是否提供多种多样的产品以供消费者选择。消费者一般喜欢产品品种多的营销渠道，这样消费者需求获得满足的机会就越多。

（2）批量销售。批量是指市场营销渠道通常在一个消费者一次购买行为中提供的产品数量。一般来讲，批量越小，营销渠道提供的服务水平要求越高。

（3）服务支持。服务支持是指营销网络提供的附加服务。提供的服务越多，网络的工作越大，成本越高。

（4）等待时间。等待时间是消费者通过营销渠道收到货物的平均时间。由于现代生活节奏的加快、生活质量的提高，消费者在购买时希望等待时间越短越好，因此营销渠道必须提高效率，以便缩短消费者的等待时间。

（5）空间的便利性。空间便利性是指营销渠道对消费者购买产品的方便程度。越方便，你的产品就越受欢迎，销售情况就越好，但可能造成你的成本增加。

最好的设计是你的营销渠道所能够提供的服务正好与消费者需要的服务相一致，那么整个营销渠道的成本是最佳的，科特勒提醒企业，过高的服务意味着渠道成本增加，也就是顾客需要付出的价格增多，而一般来说，消费者更愿意接受低水平服务带来的低价格享受。

2. 渠道方案的考虑要素

（1）中间商类型。企业必须决定担任渠道工作的各种中间商的类型。我们用两个例子来说明这一问题。

【例1】某一手机制造商开发了一种新功能手机。现在的问题是如何以有效的方式将该产品送到用户市场。有如下方案可供选择：

第一，借助直接邮寄和商业杂志，扩大销售人员队伍；

第二，扩大企业推销队伍，同时分派各个推销员去与特定的用户接洽；

第三，依靠代理商推销产品，但该代理商必须熟悉不同行业及不同地区的情况；

第四，通过批发商销售产品，要求其进行一定的促销活动并拥有一定水平的存货。

【例2】某冰箱制造商想通过如下两条分销渠道销售其产品：

第一，寻找一些愿意经销其品牌的汽车经销商；

第二，借助通常使用的渠道，要求批发商将产品转卖给零售店。

从以上两个例子可以看出，生产者在选择中间商时，常常会面临若干个可行的交替方案。

（2）中间商的数目。中间商数目的多少是企业在选择渠道方案时必须考虑的第二个方面。科特勒指出了3种可供选择的方案：即密集分销、选择分销和独家分销。

所谓密集分销，是指制造商尽可能地通过许多负责任的、适当的批发商、零售商推销其产品。消费品中的便利品和产业用品中的供应品，通常采取密集分销，使广大消费者和用户能随时随地买到这些日用品。

所谓选择分销，是指制造商在某一地区仅仅通过少数几个精心挑选的、最合适的中间商推销其产品。选择分销适用于所有产品。但相对而言，消费品中的选购品和特殊品最适于采取选择分销。

所谓独家分销，是指制造商在某一地区仅选择一家中间商推销其产品，通常双方协商签订独家经销合同，规定经销商不得经营竞争者的产品，以便控制经销商的业务经营，调动其经营积极性，占领市场。

(3) 渠道成员的特定任务。每一个生产者都必须解决如何将产品转移到目标市场这一问题。

营销渠道决策是企业的重要决策之一，企业应该识别最有效的渠道方案，为企业日后的渠道拓展做准备。

轻松小看板

制造商应认真分析几种有代表性的分销渠道新模式。

1. 直复营销

直复营销是指使用一种或多种传播媒体，经过与最终顾客多次双向信息沟通达成交易的一种分销渠道模式，包括邮寄直销、商品目录直销、电话直销、电视直销、电脑购物等。

2. 产销一体化

产销一体化是由制造商自建分销网络或与中间商共同投资的分销模式。其实质就在于把市场交易内部化，降低交易费用，使分销网完全掌握在制造商手中，在联合生产、销售过程中达到高效率。

3. 商业代理制

商业代理制是工商双方密切合作、共同开拓市场的产销联合体之一。制造商和批发商以契约形式订立协议，使工商双方形成长期稳定的产销关系。

　　4.连锁经营

　　连锁经营实质上是批零一体化，制造商依据分布各地的大量分店开展大规模销售。特别是集中统一进货使进货成本大为降低。

渠道成员的评价标准

　　科特勒认为，在顾客看来，渠道代表的就是企业本身，因此，企业在选择渠道成员的时候应该格外慎重。这里说的渠道成员就是指中间商。

　　企业如何选择中间商呢？一般来说，需要综合考虑下列问题后，方能正确地做出抉择。

1.经济性

　　科特勒认为获得渠道优势的一个基本条件就是渠道的成本较低，当然低成本并不代表减少销量或降低服务质量，因此从经济上评价要从全面和长远的利益上进行考虑，需要综合分析后才能做出结论。根据这一原则需要考虑的问题有以下几方面。

　　（1）中间商的销售成本。销售成本的高低涉及双方的利益，对于生产企业来讲，出厂价格高是相当有利的。但中间商的利益就会受到一定的损害。

　　（2）中间商销售量。与销售成本相比，销售量大小对生产企业的影响更大。因为经销的数量越大，分摊到每个单位产品上的固定费用就越小，相对来讲降低了成本就使销售成本偏低一些，生产企业的利润率并不会降低。销售出去的产品数量增加了，生产企业总收益额会大幅度增加。

　　（3）中间商经销产品的稳定性。这是生产企业对中间商进行评价更为重要的问题。能使企业产品具有稳定的销路，一方面，可以保证企业的长远利益；另一方面，有利于加强生产的计划性，可以减少积压，降低成本。

2. 可控性

使用中间商就意味着要给中间商一些产品营销控制权，但企业在与中间商建立关系的过程中应尽可能地保留更多的控制权，这是选择中间商应当考虑的另一重要问题。需要考虑的因素如下：

（1）中间商所经销产品的特征。在一般情况下，中间商都不可能只经销某一品种或某一企业的产品。因此，生产企业必须考虑中间商所经销的各种产品都具有什么样的特征，和本企业的产品放在一起销售是否合适。

（2）中间商的利益与生产企业产品的关系如何。如果在中间商看来，生产企业的产品对它是无足轻重的，并不能给自身带来太多的利益，经销的积极性就不会太高。在这种情况下，生产企业与之相处，必然要处于被动地位。

（3）中间商对生产企业的态度。中间商对生产企业的态度除了取决于经济上的原因之外，还会受到其他一些因素的影响。应选择一些与生产企业关系较为融洽的中间商进行合作，当产品销售出现某些困难时，可以相互谅解和支持，使生产企业有一定回旋的余地，能够采取必要的措施摆脱困境。

3. 采取适合标准

由于渠道很难适应不断变化的市场营销环境，企业应想办法尽可能使渠道灵活，拥有不同的适应标准。适应标准一般包括以下几个方面：

（1）中间商的服务方向。包括目前的服务对象和未来的发展方向是否是生产企业所期望开发的市场面。中间商服务对象的需求是否与生产企业的产品性能相吻合。如果企业生产的是高档产品，而中间商的服务方向是力求满足大众化的需求，对这种高档产品的销售必然不利。

（2）中间商的产品策略。主要是指中间商所经销的各种产品是具有竞争性还是具有配套性。在一般情况下，生产企业愿意将自己的产品交由所售产品之间具有配套特点的中间商销售。

（3）中间商的商誉。指中间商对顾客的服务态度在顾客心目中是否具有良好的印象，还包括中间商在社会上的知名度。

（4）中间商的销售实力。指中间商所具备与销售产品有关的各种能力。其中首先是服务能力，如技术咨询、保养维修、代客托运、代客送货、零配件供应、销售信用等内容，中间商能否开展这些业务，对促进产品销售有很大作用。其次是运输和仓储能力。最后是中间商所具备的财力。主要是指有多少可供用于周转的资金，能否按时进行结算，如果能够预付款，对生产企业就更为有利。

（5）中间商的管理水平。指领导水平和工作人员的业务能力，企业的计划组织水平，开发市场和产品促销能力等。

（6）中间商的地理位置。是否具有优越的地理位置是中间商从事商业活动的重要条件。处于黄金要道、繁华地段的中间商，能在社会上产生较大的影响，对企业产品的销售有着极大的促进作用。

企业只有充分考虑上述种种因素后，才能选择好合适的渠道成员，为企业更好地服务。

选择渠道成员的 3 种方法

在考虑完渠道选择的因素和对渠道评价过后，科特勒认为，供厂家选择的渠道方法主要有 3 种：普遍性分销方法、专营性分销方法和选择性分销方法。

1.普遍性分销方法

这种分销被称为密集型分销。这是指生产者广泛利用大量的批发商和零售商经销自己的商品。日常生活用品和标准化程度较高的商品，比较适用于这种方法。例如在成千上万家零售商店里销售某品牌的化妆品，就能使该品牌得到充分的显露，既便利于消费者购买，也促使厂家的化妆品迅速、广泛地占领市场。

2.专营性分销方法

生产者选择有限数量的中间商去经营他们的产品。专营性分销的极端形式是独家经销（即一个经销商只推销某一个厂家的产品）。这种方法通常适用于高档特殊品，或适用于使用方法复杂，需要较多销售服务的商品的推销，如车辆类、主要设备类、家用电器类、照相器材类等等。这种分销方式具有排他性，如某汽车生产厂家规定某经销商只能在某特定的市场中去销售本厂家的产品，不允许销售本厂竞争对手的汽车。在销售、储运、促销和销售服务等方面，生产者能够为经销商提供优良的经销条件，使经销商取得可观的销售利润，也能对渠道实施有效的控制；另一方面，经销商也能够全力为厂家推销产品，有效地促进厂家产品的销售，使厂家顺利实现其营销目标。但是，采用这种策略也有风险。由于产销双方依赖性太强，一旦某中间商经营失误，往往使厂家蒙受巨大损失。

3. 选择性分销方法

它介于广泛分销与专营性分销之间。具体是指生产企业从愿意合作的众多中间商中选择一些条件较好的批发商和零售商去销售本厂的产品。这种方法适用于所有产品，但相对而言，对于高档选购品或精选特殊品更为适宜。经挑选出来的中间商，其经营水平通常高于平均水平，能与厂家进行良好的合作。双方常通过履行合同或协议，共担风险，分享利润。厂家不需在所有的销售点上去花费财力与精力，可集中有限的力量，在整体上促进商品的销售，也有利于厂家对渠道中其他成员的控制。采用这种分销方式，生产厂家能取得比普遍性分销更优的效益，所承担的风险则较专营性分销小。采用此策略的厂家应具备下列两个条件之一：

（1）能向中间商提供较优的推销条件和费用。

（2）能向中间商提供俏货。这样，才会有较多的、愿意合作的、能力较强的中间商供厂家挑选。

渠道的评价和改进安排

企业在选择好渠道成员之后，除了要经常激励渠道成员，还要经常地对其进行评估，对不合理的成员，企业应做出改进安排。这是因为企业所选择的分销渠道是基于一定的市场环境的，特别是基于一定的消费需求基础之上的。而随着社会经济的发展，消费需求是在不断发展变化着的，市场形势也是瞬息万变。所谓"适者生存，不适者被淘汰"，要想求得进一步的发展与壮大，企业就必须去适应这些变化，力求预见变化的大致趋势，并能根据这些趋势随时对分销系统做出调整、改进，以实现既定的市场目标。

另一方面，如果通过对分销渠道的监测与评估，发现结果与企业作分销模式选择时所期望的结果出入较大，分销商的表现不尽如人意，可能说明企业的渠道设置存在不合理的现象，或是渠道政策得不到分销商的支持。此时，也必须调整和改进企业的渠道成员和销售模式。

一般情况下渠道的评价应从下面几个方面进行：

（1）顾客是否满意。只有顾客满意，企业才能取得良好的业绩。

（2）从满足顾客需求和经济性两个方面，关注渠道的运作（销售、分销、服务和其他）是否有效和迅速。

（3）渠道政策与企业目标是否保持一致。为了改变不求进取的中间商，企业必须重新考虑奖励机制和政策。用支持业绩目标（如销售量增长或是顾客满意度）的激励机制相对来说最容易考核和管理。

对渠道进行评价之后，对一些不符合要求的渠道就要进行调整、改进。

在考虑渠道改进时，通常会涉及增加或减少某些中间商的问题。作这种决策通常需要进行直接增量分析。通过分析，弄清楚这样一个问题，即增加或减少某渠道成员后，企业利润将如何变化。但是，当个别渠道成员对同一系统的其他成员有间接影响时，直接增量分析方法就不再适用了。例如，在某大城市中，某汽车制造商授予另一新经销商特许经营权这一决策，会影响其他经销商的需求、成本与士气，而该新经销商加入渠道系统后，整个系统销售额就很难代表整个系统应有的销售水平。

有时，生产者打算取消所有那些不能在既定时间内完成销售任务的中间商，由此导致的总体影响，运用增量分析是难以估算的。例如，某卡车制造商通过特许经销商销售其产品，在某一时期发现有 5% 的经销商的销售量在 3 辆以下。成本分析表明：企业对这些经销商提供的各种服务成本已远远超过 3 辆卡车所能带来的销售利润。从理论上讲，如果取消某些落后中间商，增量分析的结果会表明企业利润提高。然而，取消个别中间商这一决策将会对整个渠道系统产生重大影响，比如说分摊制造费用的卡车减少了，卡车生产的单位成本将会提高；某些员工及设备被闲置；由落后经销商所负责的市场业务将会因其被取消而让竞争对手占便宜；企业的其他经销商会因该决策而感到不安。因此，在实际业务中，不能单纯依据增量分析的结果采取具体行动。如果管理人员确实需要对该系统进行定量化分析，最好的办法是采用整体系统模拟来测量某一决策对整个营销渠道系统的影响。

除了增加分析外，科特勒认为最困难的决策应该是如何改进整个渠道策略。

更改整个渠道策略是指在所有市场上采用全新的销售渠道，制定全新的销售方法。这是最困难的决策。例如，彩电经销商可能考虑用企业自己的专卖店代替独立的经销商。

这意味着原营销渠道的解体。原因可能有：原先的营销渠道冲突无法解决，造成了极大混乱；企业战略目标和营销组合实行了重大调整，需要对营销渠道进行重新设计和建立。例如，汽车制造商打算用企业自己的地区销售公司取代各地区的原独立代理商。再如，软饮料制造商想用直接装瓶和直接销售取代各地的特许装瓶商。这些决策通常是由企业最高管理层制定的，它的制定不仅会改变渠道系统，还将迫使制造商改变其市场营销组合和市场营销政策。

具体来说，渠道策略的改进可以从以下几个方面进行：

（1）以顾客满意度为主要目标，将注意力从服务于经销商转移到顾客上来。只有顾客满意，企业才能取得良好的业绩，这是一个被许多企业忽视的简单道理。顾满意度决定顾客忠诚度，只要顾客忠诚，就为企业进行渠道创新和渠道整合创造了良好前提。在此前提下，企业就可以集中精力于几项成本较低但却能为顾客带来真正好处的事情上，从而避免或者尽量减少那些不被目标顾客所重视的费用上。很可惜的事情是，在许多行业，企业不是如此，而是置顾客（最终用户）需求于不顾，将经销商的需求置于顾客需求之上，最终伤害顾客满意度，进而削弱顾客忠诚度。

（2）重新审视和制定渠道策略和战略。渠道应该从满足顾客需求和经济性两个方面来确定，应该关注渠道的运作（销售、分销、服务和其他）是否有效和迅速，并且还应该从主要目标顾客群角度来评价渠道的业绩和表现渠道的构成往往已对渠道有了明确的分工，决定了哪种渠道应服务于小批量高利润的顾客，哪种渠道应采用薄利多销的原则，服务于大批量的消费者。对于大多数企业来说，彻底研究现有的及潜在的渠道，尽可能地跳出单一渠道的束缚，采用合理的多渠道策略，是有效地提高市场占有率和销售业绩的首要手段。

（3）使渠道政策与企业目标保持一致。为了改变不求进取的经销商，企业必须重新考虑奖励机制和政策。用支持业绩目标（如销售量增长或是顾客满意度）的激励机制相对来说最容易考核和管理。根据中国企业目前的实际情况，考核经销商对下游经销商的管理以及下游经销商的满意度也十分关键，目前的普遍现象是下游经销商对企业毫无忠诚和感情可言。企业必须十分清楚自己需要渠道做什么和怎么做，否则，设计的激励机制很可能会起到事与愿违的效果。

营销经典：TCL 集团的分销渠道

1999 年 TCL 发展成拥有 100 亿元总资产，销售收入和出口创汇分别达到 150 亿元、2.4 亿美元，是中国电子行业雄踞三强的企业集团。

多年来，TCL 集团一直将市场视为企业的生命，提出并奉行"为顾客创造价值"的核心观念，赢得了广大的市场空间。公司不断推出适合市场需要的新产品，严格把好每一个产品和部件的质量关，并十分重视建立覆盖全国的分销服务网络，为顾客提供了优质高效的购买和保障服务。显然，经营产品的扩展，必须与营销渠道建设结合起来。这是一条重要经验。

TCL注意到了分销渠道的重要性。创造了"有计划的市场推广"、"服务营销"和"区域市场发展策略"等市场拓展新理念，建立了覆盖全国的营销网络，形成了自己的核心竞争力。截至1998年底，TCL在全国建立了28家分公司，130个经营部（不包括县级经营机构），还有几十个通信产品、电工产品的专卖店，销售人员3000多人。这个网络既销售王牌彩电，也销售集团内的多种产品，1998年的销售额达到50多亿元。为了进一步开拓国际市场，除利用在中国香港、美国的原有子公司外，TCL集团还成立了"国际事业本部"，在东欧、东南亚设立自己的销售网点。

建立营销网络加快了TCL集团发展的步伐。TCL坚持经营变革与管理创新，大力推进企业产权制度改革，通过授权经营，落实了企业经营风险责任机制和利益激励机制。尤其是进入20世纪90年代以来，TCL通过采取灵活机动的资本运营机制，先后兼并了香港陆氏彩电项目、河南美乐电视机厂、内蒙古彩虹电视机厂、金科集团和翰林汇软件公司，并与美国LotusPacific合作，进入了信息网络终端产品和信息服务领域。TCL投资创办了爱思科微电子集成电路公司，介入了通信系统设备制造、移动电话和锂离子电池等高科技领域。TCL已开始进行产业结构调整，将逐步实现由传统家电产品制造商向互联网设备主流厂商的转变。集团领导层以及全体员工对这个转变之所以充满信心，与营销网络为这个转变的实现提供了有力的保证是分不开的。

TCL营销网络能够及时地发现市场、开拓市场、保障服务质量、有效进行品牌推广，并灵活适应市场变化。在1996年彩电市场降价竞争开始不久，TCL整个网络迅速做出统一行动，进行价格统一调整，稳定公司的销售，并争取到市场的扩展。

TCL 强大的营销网络吸引了国内外一些公司纷纷上门要求与 TCL 合作。健伍、NEC 分别找上门来要求 TCL 代理其音响、手机。TCL 营销网络不仅是 TCL 产品的"市场高速公路",而且成了 TCL 最重要的一块无形资产。

案例分析

在这个案例中,TCL 的成功主要在于它的渠道网络建设,科特勒的理论告诉我们,企业采取恰当的渠道策略,建立一个稳固的渠道网络,往往胜过任何广告与推销员。

遍布各地的分销网络使企业能及时、高效率地获得经销商反馈的有关市场信息。在这种情况下,企业考虑的已不仅仅是自身利润的实现,还要关心经销商能否获得必要的利益,同样,对于经销商来说也是如此。这样企业和经销商在利益上形成了一个团体,拥有共同的目标,彼此之间建立了亲密合作的关系。TCL 强大的分销网络也已经成为了 TCL 强大的无形资产。

营销经典:可口可乐的渠道策略

可口可乐已经有 100 多年的历史,它之所以一直能在市场上处于领先地位,除了品牌成功之外,也同样离不开它的渠道开发与建设。

1. 健怡 Espirit 专卖店

可口可乐把健怡产品放在高级女装 Espirit 专卖店,将健怡产品的定位呈现得清晰透彻之极致:收入较高、新潮、崇尚品位、注重健康与个性的年轻白领。事实证明,绝大部分在 Espirit 店里看到健怡产品展示的都成了健怡的忠实消费者。这种思路给营销人提供了开发新渠道的思路与方法。这种新渠道开发的基点,实际上就是:能将产品与消费者市场细分进行对应,市场定位极具针对性,这种地方一定是好渠道。以前没开发出来,现在作为新渠道就顺理成章了。

2. 玻璃瓶装"小红帽"配送

可口可乐玻璃瓶装的消费者主要是一些消费该包装较早的"老"消费者、非年轻人的"老"消费者和当场即饮的社区便利型消费者。这些消费群体更多地聚集在一些成熟的"老"社区，他们更多地在这些"老"社区里进行消费，而这些"老"社区中的居民有一个最大的特点就是通过看报来了解外界信息，而自办的报纸配送体系，能建立消费者与企业产品的沟通和情感的交流。于是，可口可乐公司通过与《北京青年报》的"小红帽"配送体系建立合作关系，针对玻璃瓶装的主要消费人群，开发了这一独特的销售渠道。

3. 可口可乐酷儿小学商店

可口可乐酷儿产品上市，承载着"可口可乐公司——全方位饮料公司"头一炮的空前绝后的使命。这次的产品消费者群体是 5～12 岁的孩子，可口可乐公司将小学周围几百米都当作"渠道圈"或者流行地说"终端圈"，这样一来，整个学校的学生也就是酷儿的目标消费群体都被渠道囊括进去了，这也就打破了学校不能进行商品推广与销售的封锁，成就了一条必须要开发的新渠道。于是，可口可乐公司便称这方圆几百米的"渠道圈"为新渠道，从而可进行一切针对性的营销推广与销售了。

4. 冰露水小卖部

可口可乐冰露水本身并不是可口可乐公司"全方位饮料"公司的直接产物，它更深含战略目的。当竞争需要时，新渠道建设喷薄欲出。2001年年末，可口可乐公司就已经在冰露水上开始筹划了。为了打击竞争对手，可口可乐公司采取的都是一些非常规手法。如冬季上市、包装颜色设计不同、销售队伍任务设计与安排重点、故意断货销售、特价审批、考核新方式等等。而在这里要讲到的渠道，就是可口可乐公司是新渠道设计上，砍掉所有其他渠道，集中一点在竞争对手的主力渠道——传统型终端上，不但集中火力，还紧贴对手渠道的陈列、生动化、位置等等。

5. 可口可乐冰露冷藏品批发商

可口可乐冰露水不但专门针对竞争对手开辟小卖部渠道，还为了短时间内突破销量，而在很多城市开辟了"冷藏品批发商"渠道。这些批发商主要销售冰品等，一般有自己的冷库。

夏天，我们都有这样的印象：很多非室内工作者，都喜欢购买或自备内含"冰柱"的水瓶，这样可在烈日酷暑下仍能长时间保持冰凉。可口可乐公司的业务系统在讨论渠道计划时发现了这是一种应该值得关注的现象，从而最终开展了与许多冷藏品批发商的合作，使销量在夏天急剧上升，在有些区域取得了高于原计划四五倍的可喜成绩。

案例分析

在这个案例中，我们看到，可口可乐紧扣目标消费者，目标消费者最接受或者最能体现他们要求的情感、便利的渠道，就是可口可乐要开发的新渠道。另外，可口可乐的渠道策略也以竞争对手为参照，并在定位上有比附定位。很多新渠道的开发由新消费习惯或者未被发现的消费习惯而来，善于发现不同的消费习惯，也就能轻易发掘不同的新渠道。

第二节

渠道冲突与管理

科特勒指出不管渠道设计如何合理，渠道冲突总会发生，虽然渠道成员之间相互依赖，但是他们经常为了自己的短期最佳目标采取单独行动。渠道冲突的发生主要是由于各分销商之间对各自的职责和报酬不明确而引起的。科特勒建议在这种情况下，企业最好的办法是要更好地管理冲突，而不是设法消除这种冲突。

渠道冲突的原因及类型

不管企业的渠道设计怎么合理，在不同的利益体之间，渠道冲突总是在所难免，我们分别从冲突原因和冲突类型两方面分析。

1.引发渠道冲突的原因

只有确定了渠道冲突的原因后，企业才能从不同的方面进行冲突管理，科特勒指出渠道冲突主要有4个方面的原因：目标不一致、不明确的任务和权利、认识差异和互相依赖的程度。

（1）目标不一致。渠道成员在各自的经营过程中所设定的目标不一致，是引起渠道冲突的一大原因。比如，制造商的目标是为了增加市场份额，力求在短时间内占领市场，而分销商则是为了短期的销售利润，要求制造商给予最优惠的价格。如果分销商在短期内无法盈利，他们就会去寻找新的制造商合作。又如，分销商希望通过更高的毛利率、更快的存货周转率、更低的支出及更高的销售提成来谋求利润的最大化，而制造商的想法却正好相反。

（2）不明确的任务和权利。比如，某大型生产企业把一定地理区域的产品经销权授予特许经销商，但是生产企业的销售人员也在这一区域内销售产品，地理区域划分不明确而引起利益冲突。

（3）认识差异。生产者和中间商由于对问题的感知不同而发生分歧。比如，生产企业派出销售人员到销售现场促销并培训经销商的营业员，经销商却认为生产者想监督和控制自己，从而不予配合。

（4）互相依赖的程度。渠道成员互相依赖的程度越大，发生冲突的可能性就越大。比如，独家经销商对厂家的依赖程度大，双方在利益分配等方面引起的矛盾和冲突就多。

2．渠道冲突类型

简单地说，当渠道成员之间关于分销渠道事件有不同意见或理解时，冲突就很容易发生。科特勒就渠道冲突问题着重讲了横向、纵向和多渠道冲突。

（1）横向冲突。横向冲突是指同一渠道层次上各企业之间的相互冲突。例如，芝加哥的一些福特经销商抱怨该市的同行靠野蛮定价与广告，以及城外销售的手段抢走了他们的生意。一些比萨饼店的特许经销商抱怨其他的比萨饼店特许经销商偷工减料、服务质量差，因此损害了整个比萨旅店的形象。这就是同一行业内不同经营者之间的冲突。

（2）纵向冲突。纵向冲突是指同一渠道不同层次之间的企业冲突，这种冲突更普遍。例如，通用汽车公司数年以前因试图执行其服务、定价和广告战略而与经销商发生冲突；可口可乐公司与同意接受它的竞争对手胡椒博士公司的装瓶厂商发生冲突；麦卡洛公司在决定绕过批发商直接把链锯卖给大零售商，如ＪＣ潘尼店和凯马特连锁店时，也造成了很大麻烦，最后它必须和它较小的经销商直接竞争；固特异公司在决定通过大众推销员销售轮胎时，也与其经销商发生了冲突。这就是不同行业中生产者与经销商之间的冲突。

（3）多渠道冲突。多渠道冲突是指两条或两条以上的渠道之间的成员发生的冲突。例如，服装制造商自己开设商店，总会招致经营其服装的百货店的不满；电视机制造商决定通过大型综合商店出售其产品，也总会招致独立的专业电视器材商店的不满。当制造商建立了两条或两条以上的渠道，向同一市场或区域出售其产品时，就会产生此类冲突。

渠道冲突的解决方法

尽管有些渠道冲突对企业的发展有一定的好处，如可以导致企业对环境的适应，这种冲突属于良性冲突，但更多的冲突是恶性的，它会导致市场份额下滑，经销商利益受损。科特勒建议，在这种情况下，最好的办法是更好地管理冲突而不是设法消除这种冲突。下面介绍几种管理冲突的机制。

1. 超级目标

超级目标是指渠道成员共同努力，以达到单个所不能实现的目标，其内容包括渠道生存、市场份额、高品质和顾客满意。从根本上讲，超级目标是单个公司不能承担，只能通过合作实现的目标。一般只有当渠道受到威胁时，共同实现超级目标才会有助于冲突的解决，才有建立超级目标的必要。

2. 人员互换

人员互换是解决纵向冲突的最好方法，比如，让制造商的一些销售主管去部分经销商处工作一段时间，有些经销商负责人可以在制造商制定有关经销商政策的领域内工作。经过互换人员，可以提供一个设身处地为对方考虑问题的位置，便于在确定共同目标的基础上处理一些纵向冲突。

3. 有效的信息交流会

举行有效的信息交流会也是有效处理纵向冲突的好方法。许多行业已建立起包括营销渠道公司在内的许多贸易联合会组织。就某种程度而言，所有渠道沟通都是为了避免或减少冲突。使用制造商销售代理在制造商和销售商之间传递信息，表示其在达成共同目标的同时达到了各自的目标。销售代理往往可理解为渠道问题的解决者。

4. 调解

通过调解来解决冲突其实就是由中立一方根据双方利益调停。从本质上说，调解是为存在冲突的渠道成员提供沟通机会，强调通过调解来影响其行为而非信息共享，也是为了减少有关职能分工引起的冲突。既然大家已通过超级目标结成利益共同体，调解可帮助成员解决有关各自的领域、功能和对顾客的不同理解的问题。调解可以使各成员重新履行自己的承诺。

5. 协商

协商的目标和调解一样致力于停止成员间的冲突。妥协也许会避免冲突爆发，但不能解决导致冲突的根本原因。只要压力继续存在，终究会导致冲突产生。其实，协商是渠道成员讨价还价的一个方法。在协商过程中，每个成员会放弃一些东西，从而避免冲突发生。

6. 仲裁

利用仲裁解决问题意味着双方同意并接受由第三方做出仲裁决定。也许仲裁方会提出一个建议，矛盾双方不一定都能接受。用仲裁来解决问题很普遍，但事实上往往不能解决问题。这时，冲突双方可以诉诸法律。

7. 建立长期合作关系

企业应该与分销商建立长期合作关系，这是管理渠道冲突的一种方法。这类企业会详细了解它能从分销商那里得到什么，以及分销商想从企业那里获得什么。所有这些都可从市场覆盖面、产品可获性、市场开发、寻找顾客、技术方法与服务以及市场信息来测量。同时，企业都希望分销商能支持其发展战略，并按照分销商遵守企业有关政策的情形来建立报酬制度。

生产企业与分销商进行分销规划，也有利于企业与分销商建立长期合作关系。它是指建立一套有计划的、专业化管理的垂直市场营销系统，把企业及分销商的需要结合起来。企业在市场营销部门下成立一个专门的部门，即分销关系规划处，主要工作为确认分销商的需要，制定交易计划及其他方案，以帮助分销商以最适当的方式经营。该部门与分销商合作决定交易目标、存货水平、商品陈列方案、销售训练要求、广告及促销计划等。

一般而言，分销商认为他之所以能赚钱是因为与购买者站在同一立场（共同对抗企业）。而分销规划的目的就在于，把分销商的这种观点转变为他之所以能赚钱乃是由于他与企业站在同一立场上（即通过成为其精密规划的垂直市场营销系统的一分子而赚钱），并以之为荣。

轻松小看板

在国内，串货是引发渠道冲突的一个重要因素：串货也是行货的一种，业内称炒货。国内行货就是得到生产厂商的认可，由某个商家取得代理权或者直接由该生产厂商的分支机构在某个指定的地区进行销售的产品，行货的价格往往比较高，但是因为是正式的当地代理厂商，产品的保修，售后服务往往较有保障。

营销经典：海天公司的渠道冲突处理

海天公司是一家大中型企业，拥有100多年历史，它以生产调味品（如酱油、味精、醋、调味酱等）为核心业务。目前拥有固定资产上亿元，年销售额超过6亿元，企业设备先进，技术领先，管理良好，职工凝聚力强。特别是最近几年以来，海天公司导入CIS系统，采用了合理的广告策略、公关宣传攻势，一改过去陈旧落后、鲜为人知的小型企业的形象，成功地树立了开放进取、质量上乘、服务良好的新形象。

所以海天酱油市场占有率迅速扩大，成为国内调味品行业的领头羊。

调味品行业也有一定的技术含量，但传统的生产力式仍使该行业处于劳动密集型状态。调味品是人们日常生活的必需品，这种与人们日常生活的密切相关性使得该产品难以采用高价策略。在调味品市场，一方面由于境外品牌的入侵、各地区的地方保护主义和人们长期形成的消费本地产品的习惯，使得调味品的市场竞争十分激烈，各分散的市场区域需要海天公司提供更多销售人员，由销售人员对分销商提供更多的服务。而另一方面，分销商多为个体经营者，各分销商彼此冲突，公司的资金回收速度较慢，销售利润也十分薄。

为了改变这种状况，公司决定加大对分销商（批发商）的开发，完善对分销商的管理和指导，采用了较宽的选择式分销策略，利用众多分销商的资源来加大市场开发的力度。另外，随着海天实力的增强和信誉的提高，公司改变了过去免费铺市和代理销售的做法，价格策略在对分销商的信贷支持方面降低了，力争采用现款现货的经销方式，以加快货币资金回笼的速度。然而，新的政策导致了的销渠道开发与管理过程中的冲突有增无减。

（1）公司营销部门人力资源供给和市场需求的冲突。市场的扩大和较宽的选择式分销策略的实施，需要公司提供一大批素质较高、经验较丰富、懂得分销管理的营销人员。目前公司销售人员虽具有丰富的推销经验，但在分销管理上尚缺乏系统的知识和经验。

（2）公司销售部门与分销商的冲突主要体现在两个方面。

①利益冲突。分销商在开发市场时希望海天能在当地多做些广告宣传，而同时又不希望将自己的利润减少。作为成本支出，广告投入必然会造成公司让给分销商的利润下降，"名利难以两全"的矛盾十分突出。

②支付条件的冲突。公司的"现款现货"的做法在一些地区惹怒了不少分销商。

（3）分销商之间的冲突。这方面的冲突也主要体现在两个方面：一是不遵守游戏规则，分销商之间互相渗透，进行跨区域销售。二是不按公司规定的指导批发价，为抢占市场压价销售，形成一定程度的恶性竞争。

（4）分销商（批发商）与零售商之间的冲突，主要也体现在利益分配、结算方式等方面。此外，大型超市还有所谓进场费的要求，也引起了冲突，而分销商往往会把这种冲突向后转移至公司，要求公司解决（如要求公司出进场费）。

案例分析

这是一个典型的渠道冲突处理失败的案例，引起海天公司渠道冲突的原因主要是由目标不一致引起的，公司希望利用分销商资源开发市场，并期望能现款现货，而这种做法恰恰损害了分销商的利益，公司在处理这种冲突时，应采取交流、调解、协商等办法与分销商达成共识，订立共同的目标，而不应是单方面的行动。

第六章
公司应让顾客了解
产品的价值
——促销

第一节

顾客了解产品价值的通路——广告

现代的市场营销活动，不仅要求企业产出符合市场需要的产品，还要求企业要通过各种方式及时、充分地向消费者提供关于产品的信息，以引起消费者的购买行为，科特勒认为，广告在通告和劝说手段上不失为一种良策。广告是企业开拓市场的先导，是提高企业产品知名度的强有力的手段。科特勒建议企业应根据具体的成本效益最佳性选择媒体类型，并制定出合理的广告策略。

确定广告目标

要制定合理的广告策略，企业要做的第一步就是明确企业做广告的目标，科特勒认为可能的产品目标主要有3种：宣传广告、劝说广告和提醒广告。企业可以根据自身的发展计划确定其中的一种目标。

1. 宣传广告

宣传广告的目标是要告诉顾客有关产品的信息。这是一种报道性广告，即通过向消费者介绍产品的性能、用途、价格等，以刺激消费者的初始需求。除此之外，宣传广告还能达到纠正消费者对产品的错误印象，减少顾客畏惧心理，建立公司形象的目的。当一种新产品进入市场时，人们对它还不了解，市场上也无同类产品出现，因而广告的重点是向潜在顾客介绍产品以及产品能满足顾客什么样的需要。需要注意的是，宣传广告的焦点应该放在产品的特性而不是产品的品牌名称上。在推出新产品或新服务时，这是一种非常主要的广告目标。例如，微波炉新上市时，它的广告将微波炉的性能、功效、如何用微波炉烹饪等信息通过广告告诉消费者，便是一种告知性质的广告。

2. 劝说广告

当目标顾客已经产生了购买某种产品的兴趣，但还没有形成对特定产品偏好时，劝说广告的目的是促其形成选择性需求，即购买本企业的产品。劝说广告突出介绍本企业产品的特色，或通过与其他品牌产品进行比较来建立一种品牌优势。

例如，PiPi纸尿裤曾经以"太空尿尿趣事多"的广告，证明其产品为航天员专用的高分子吸收棉，说明产品品质比其他品牌好，希望消费者购买其产品，这就是一种劝说性质的广告。

3. 提醒广告

有些产品在市场上销售多年，虽已有相当的知名度，但厂商仍需要推出提醒性广告来提醒购买者，不要忘了他们的产品。这是一种备忘性广告。这种广告有利于保持产品在顾客心目中的形象。可口可乐公司虽早已具有全球的品牌知名度，但它仍把很多钱花在电视广告上，其目的主要是要提醒人们不要忘了"可口可乐"。春夏之际的瓶装饮用水广告、中秋节之前的月饼广告就是提醒消费者要记住他们的产品。

科特勒提醒企业，选择广告目标首先要透彻分析和了解当前的市场情况，企业要根据产品自身的特性和生命周期选择不同的广告目标。

选择恰当的媒体

科特勒认为，广告策划者在选择媒体做广告时，应考虑多种因素，目标顾客对媒体的习惯将会影响对媒体的选择，广告人应努力寻找那种可以使广告有效地到达消费者的媒体。科特勒肯定地说："企业如果能够将目标对准某些观众（顾客），广告的功用将发挥出令人想象不到的效果。"同样，产品的特性也会影响媒体的选择，举例而言，宝利来照相机最好在电视上播出，时装最好刊登在彩色杂志上。不同种类的信息要求不同的媒体。关于"明天大拍卖"的消息只有在广播或报纸上发出才能产生最佳效果。具有许多技术内容的信息就需要杂志或直接邮送方式。

科特勒分析了媒体选择的主要步骤包括：确定广告涉及的范围、出现频率的效果；选择主要媒体类型；选择特定媒体载体；决定媒体时段。

1. 确定广告涉及的范围以及出现频率

在选择媒体之前，广告主必须决定为实现广告目标所需的接触面、频率以及希望产生的效果。接触面是指在特定期间中目标市场的顾客接触到广告活动的百分比。譬如，广告主可能希望在前 3 个月的广告活动中接触到 70% 的目标市场顾客。频率是指目标市场中平均每一个人接触到信息的次数。譬如，广告主可能希望平均接触 3 次。媒体效果是指信息展露的定性价值。譬如，对需要示范的产品而言，电视的信息效果要比报纸的信息效果更佳。

2. 选择主要的媒体类型

广告媒介的种类很多，主要的有报纸、广播、杂志、电视、直接邮寄和户外广告等。媒介各有其特点，在时间性、灵活性、视觉效果、传播面、成本等方面相差甚远，了解不同媒体的优点和局限性，对媒体的正确选择十分重要。

（1）报纸。报纸是最重要的传播媒介，它的优点是覆盖面广、传播信息速度较快，特别是日报，可将广告及时登出，并马上送抵读者，地理选择性好，制作灵活，收费较低，另外，报纸还具有信息量大、设计制作容易、灵活性大等优点。缺点主要是保留时间短，广告图画质量差。因此，刊登形象化的广告效果较差。

(2)期刊。期刊也是一种印刷媒体，与报纸相比，杂志的专业性较强，读者集中，特别适合刊登各种专业产品的广告。由于针对性强，保留时间长，画面印刷效果好等优点，广告效果较好。缺点是出版周期长，读者对象范围固定，如果选择错误，几乎就是无效的广告。

(3) 电视。电视是现代最重要的视听型广告媒体。它将视觉影像和听觉综合运用，能最直观最形象地传递产品信息，具有丰富的表现力和感染力，因此是近年增长最快的广告媒体。电视广告播放及时，覆盖面广，选择性强，收视率高，且能反复播出，加深消费者印象。缺点也很明显：一是绝对成本高；二是广告瞬间即逝，无法保留；三是众多广告一起拥挤在黄金时间，混杂而容易被消费者忽视。

(4) 广播。这是一种大量、广泛使用的听觉媒介，它的优点是传播速度快，传播范围广，不受时空限制，节目制作灵活方便，感染力强。缺点就是无法保存，有声无形，使消费者对产品印象模糊。

(5) 直接邮寄。即将印刷的广告物，如商品目录、商品说明书、样本、订单、信函、明信片等通过邮政系统直接寄给目标买主、中间商或代理人，也有直接寄给个人消费者的。邮寄广告最显著的优点是地理选择性和目标顾客针对性都极好，灵活，提供信息全面，反馈快。缺点是可信度低，如果目标顾客为个人消费者，成本也较高。

(6) 互联网广告。互联网是最新的广告媒体，这种广告媒体的优点是传播范围广泛，形式多样，成本较低。缺点就是广告效果难以评估，技术要求较高，而且受众也不明确。

(7) 其他媒体。包括户外广告，如广告牌、招贴、广告标语、霓虹灯广告等；交通广告，如车身广告、车内广告、站牌广告，及车站、码头、机场广告等；空中广告，如利用气球或其悬浮物带动的广告。这些广告多利用了灯光色彩、艺术造型等艺术手段，又集中于闹市、交通要道或公共场所，故一般鲜明、醒目、引人注意，又因内容简明、易记，使人印象深刻，展露重复率高，成本低。缺点是传播范围有限，传播内容也不宜复杂，且难以选择目标受众。

3.选择特定媒体载体

媒体规划人员必须选择最好的媒体工具——各媒体类型内的特定媒体。媒体规划人员应在媒体成本和若干媒体效果因素之间求得平衡。第一，应平衡成本和媒体工具的受众质量；第二，应考虑受众的注意力；第三，应估计媒体工具的编辑质量。如此，媒体规划人员才能在一定的成本内，选择在接触面、频率与效果等方面都能合乎要求的媒体工具。

4.决定媒体时段

广告主必须安排年度广告的播放频率。大多数厂家都会做一些季节性的广告，也有一些厂商只做季节性的广告，如Hallmark只在主要节日前为其贺卡做广告。

广告主还要选择广告播放频率的形态。广告播放频率可平均分散在各时期，也可视市场情况做重点式的安排，以扩大广告效果。

另外，科特勒认为信息和媒体应该协调地结合起来，产生广告攻势的整体效应。

选择广告媒体的同时，企业还不得不考虑广告的成本问题。

这也是企业最难面对的总题之一，在后面的章节中，我们会讲到促销预算的一般方法，针对广告预算，科特勒提出了5个要考虑的因素：产品生命周期阶段、市场份额和消费者基础、竞争与干扰、广告频率、产品替代性。

轻松小看板

系列广告可分为两大类：①主体广告系列。也称为横向广告系列，这是企业围绕着某一个广告目标，用不同的广告媒体，制作不同的表现形式，来开展广告活动。例如，企业要树立某商标的形象，可以通过明星在电视上称誉该商标，通过路牌展示该商标的图案，通过报纸说明该商标体现的精神，等等。②时间广告系列。也称为纵向广告系列，这是企业针对某一个广告目标，在同一种广告媒体上，在一段时期里有步骤地连续发布一系列既有区别又有联系的广告。

广告的信息决策

广告的信息决策包括信息内容的确定和信息表达形式的设计，实际上就是广告的具体制作。广告的设计制作具有很强的技术性和专业性，但其中最关键的是要有创造性，因为除了邮寄广告以外，任何广告都不可能说得或写得太多，需要在有限的空间和时间内迅速引起消费者的注意和兴趣，完成信息沟通的任务。

广告信息决策要从广告的结构出发，典型的广告结构由4个部分组成：主题、正文、标记和画面。

主题是任何广告不可缺少的，它是广告的核心，并贯穿于广告的始终，它可以用标题或口号表示。广告主题是广告设计的难点，需要有高度的概括性、独特性和艺术性，要能引人注目，易懂易记，紧扣促销目的。

正文是信息的具体内容，是对标题的进一步说明，一般是以文字、语言的形式出现，要求简明扼要，不宜长篇累牍。

标记主要指产品的商标或企业名称，这是广告中最重要的部分之一，要将其放在突出醒目的地位，特别对于消费品的促销，广告宣传商标具有十分重要的意义。

画面对于电视、杂志、路牌、招贴等广告形式来讲是极其重要的，它能比文字更为直观、形象地传递信息，特别适用于外观质量比较重要的产品，可以用画面来烘托主题、突出商标、显示产品的特性。画面的表现形式比文字更为丰富，如对比、夸张、写实、幽默、比喻、暗示、联想等，画面还可以充分调动色彩的功能。

广告信息决策还要考虑版面的编排设计，版面要求简洁，具有整体的平衡性，要考虑广告信息各部分的比例，尤其要突出主题和商标，要编排叙述的顺序和强调的重点，要富有动态感，并能准确表达广告的目标。

在广告发出前制定的广告文字和形式被称为广告设计，广告设计一般要遵循以下几个原则：

(1) 真实性。即指广告中宣传的必须与实际产品的本来面貌相一致，如果广告虚假，不仅会损害顾客的利益，也会同样损害企业的信誉和形象。

(2) 思想性。广告强调经济效益的同时，更要注意精神文明，去除广告内容中不健康的因素。

(3) 创造性。创造性是广告吸引消费者眼球的关键因素，广告的语言要生动、有趣，形式要多种多样、不断创新。

(4) 针对性。广告设计要针对不同的消费者心理，做出合理的有说服性的产品介绍。

(5) 效益性。任何广告的最终目的都是为了经济效益，广告应以尽可能少的费用支出取得最大的广告效果。

评价广告效果

在分析过广告决策制定的费用与复杂性之后，企业应定期检查并评估广告效果。企业最常见的情况，便是延续相同的广告计划与政策，因为这是安全稳当的做法。任何改变都蕴藏潜在的风险，而这正是广告经理所不愿见的事情。邀请外部人士或机构对广告计划进行独立的评估，以期对该企业的广告描绘出更具前瞻性的方式，应该算是一种合理的做法。

尽管如此，广告节目仍应定期对交流效果和广告的销售效果进行评估。衡量一则广告的交流效果表明广告是否传播得好。问卷调查可以在广告被印刷或播出前后进行。在广告被推出前，广告商们可以把它先给消费者看，问他们感觉怎样，衡量由此产生的反响和态度变化。广告做出后，广告商们可以衡量广告如何影响消费者的反响和对产品的知晓、了解和偏好程度。

　　然而，对品牌知晓增长 20%，对品牌偏好增长 10%，这会产生什么样的销售效果呢？广告的销售效果通常比交流的效果更难衡量。除广告之外，销售还要受到诸多因素的影响，如产品形象、价格和得到的渠道。

　　针对这种情况，科特勒提出了两种评估广告效果的方法。

　　一种方法是将过去的销售量与过去的广告开支进行对比。另一种方法就是通过实验，测试不同广告开支水平的效果。"必胜客"快餐店在不同的市场区域内花在广告上的费用因地而异，而且在产生的销售水平上可以测出差别来。它可以在一个市场区域内作正常的花费，在另一个地区花一半，而在下一个地区的花费是正常数目的两倍。如果这 3 个市场区域的条件相同，并且在区域内所有其他的营销努力也相同，那么这 3 个城市中出现的差异可能与广告费用水平有关。在设定更为复杂的实验时，可以包括其他的变量，如所使用的广告和媒体之间的差别。

第二节

营业推广

营业推广又称为销售促进，关于销售促进的意义科特勒用一句话做了总结："广告和人员推销为购买产品和服务提供理由，而销售促进提出了立即购买的理由。"科特勒的看法是，对于一个拥有优异品牌的企业，当知名度不高时，要想引起消费者的注意，营业推广是一种良好的选择。借助刺激式的营业推广方式将可造就新的顾客，这种方式对一些刚进入市场经济的地区来说，有时会产生轰动的效应。

使用合理的营业推广手段

营业推广是刺激消费者迅速购买商品而采取的营业性促销措施，是配合一定的营销任务而采取的特种推销方式。营业推广是一种短期的销售行为。

进行营业推广活动，也要和制定广告策略一样，先确定促销的目标而后采用相应的手段。

1.确定营业推广目标

企业若想使营业推广活动真正起到作用，首先应该做的就是要确定营业推广目标。

促进销售的总目标，是通过向消费者报道、诱导和提示，促进消费者产生购买动机，影响消费者的购买行为，实现产品由生产领域向消费领域的转移。但在总目标的前提下，在特定时期对特定产品，企业又有具体的营业推广目标。例如，针对某些产品，企业的营业推广目标可以是引起广泛的社会公众注意，报道产品存在的信息；也可以重点突出产品特点、性能，以质量、造型或使用方便吸引顾客；还可以强调售后服务优良等。总之，在进行营业推广时，要根据具体而明确的营销目标，对不同的营业推广方式进行适当选择、组合使用，从而达到营业推广目标的要求。

2. 选择合理的营业推广手段

营业推广的方式很多，企业要根据市场类型、销售目标、竞争环境以及各种推广方式的成本和效益等选择适当的营业推广工具。对不同的推销对象，其工具也不同。

根据营业推广形式，一般可将其手段分为以下三类：

（1）用于消费者的营业推广手段。

①样品：免费提供给消费者或供其试用。可以邮寄、送上门或在商店提供。赠样品是最有效也是最昂贵的介绍新产品的方式。

②赠品：是指以较低的代价或免费向消费者提供某一物品，以刺激其购买某一特定产品。一种是附包装赠品，还有一种是免费邮寄赠品，即消费者交还诸如盒盖之类的购物证据就可获得一份邮寄赠品。另一种是自我清偿性赠品，即以低于一般零售价的价格向需要此种商品的消费者出售的商品。制造商在给予消费者名目繁多的赠品上一般都印有公司的名字。

③优惠券：是一个证明，持有者在购买某特定产品时可凭此券按规定少付若干金钱。优惠券可以有效地刺激成熟期产品的销售，诱导对新产品的早期使用。

④奖品（竞赛、抽奖、游戏）：奖品是指消费者在购买某物品后，

向他们提供赢得现金、旅游或物品的各种获奖机会。竞赛要求消费者呈上一种参赛项目，可以是一句诗、一种判断、一个建议，然后由一个评判小组确定哪些人被选为最佳参赛者。抽奖则要求消费者将写有其名字的纸条放入一个抽签箱中。游戏则在消费者每次购买商品时送给他们某样东西，如纸牌号码，字母填空等，这些有可能中奖，也可能一无所获。所有这些都将比优惠券或者几件小礼品赢得更多人的注意。

⑤免费试用：对于汽车、房产等昂贵产品，可采用免费试用。邀请潜在顾客免费试用产品，以期他们购买此产品。

⑥现场示范：企业派人将自己的产品在销售现场当场进行使用示范表演，把一些技术性较强的产品的使用方法介绍给消费者。

⑦组织展销：企业将一些能显示企业优势和特征的产品集中陈列，边展边销。

（2）用于中间商的营业推广手段。

①批发回扣：企业为争取批发商或零售商多购进自己的产品，在某一时期内可给予一定数量企业产品的批发商以一定的回扣。

②推广津贴：企业为促使中间商购进企业产品并帮助企业推销产品，可以支付给中间商以一定的推广津贴。

③销售竞赛：根据各个中间商销售本企业产品的实绩，分别给优胜者以不同的奖励，如现金奖、实物奖、免费旅游、度假奖等。

④免费产品：制造商还可提供免费产品给购买某种质量特色的、使其产品增添一定风味的或购买达到一定数量的中间商，即额外赠送几箱产品。他们也可提供营业推广资金，如一些现金或者礼品。制造商还免费赠送附有公司名字的特别广告赠品，譬如钢笔、铅笔、年历、镇纸、备忘录和码尺等。

（3）用于销售人员的营业推广手段。

①免费提供人员培训，技术指导。

②销售竞赛：其目的在于刺激他们在某一时期内增加销售量，方法是谁成功就可获得奖品。许多公司出资赞助，为其推销员举办年度竞赛，

或季度竞赛，以激励销售人员完成较高的销售指标。

③纪念品广告：纪念品广告是指由推销员向潜在消费者或顾客赠送一些有用的但价格不贵的物品，条件是换取对方的姓名和地址，有时还要送给顾客一条广告信息。常用的物品有圆珠笔、日历、打火机和笔记本等。这些物品使潜在顾客记住公司名字，并由于这些物品的有用性而引起对公司的好感。纪念品广告可帮助推销员提高推销量。

营业推广的实施与评价

营业推广的方式有很多种，在实施营业推广的过程中企业要采取合适的营业推广手段，而在之前，企业应先制定推广方案，之后则要对其进行评价以总结经验。

1.制订营业推广方案

企业在制订营业推广方案时应考虑如下因素：

（1）决定营业推广规模。如果能选择费用有限而效益最高的推广办法，有一定的规模就够了。确定规模较佳的依据是推广刺激费用与营业收入之间的效应关系。

（2）参加者的条件。要根据顾客或中间商的具体特点，选择能产生最佳推广效果的刺激对象。

（3）营业推广途径。企业应根据其普及面及费用合理选择。必须选择既能节约推广费用，又能收到最佳效果的营业推广工具。常规途径有3种：即包装分送、商店分发、邮寄广告。

（4）市场营销人员还要决定营业推广时间的长短。如果时间太短，则一些顾客可能无法重购，或由于太忙而无法利用营业推广的好处。如果营业推广时间太长，则消费者可能认为这是长期降价，而使优待失去效力，甚至还会使消费者对产品质量产生怀疑。阿瑟·斯特恩根据自己的调查研究，发现最佳的频率为每季度有三周的优待活动，最佳时间长度为平均购买周期。当然，这种情况会随着营业推广目标、消费者购买习惯、竞争者战略及其他因素的不同而有所差异。

（5）营业推广时机的选择。在现代企业里，品牌经理通常要根据销售部门的要求来安排营业推广的时机和日程。而日程安排又必须由地区市场营销管理人员根据整个地区的市场营销战略来研究和评估。此外，营业推广时机和日程的安排还要注意使生产、分销、推销的时机和日程协调一致。

2. 营业推广的实施与评价

企业应为每一种营业推广方式确定具体实施方案。如果条件许可，在实施前应进行测试，以便明确所选方案是否恰当。在具体实施过程中应把握两个时间因素：一是实施方案之前所需的准备时间；二是推广始末的实践间隔。实践证明，从正式推广开始到大约95%的商品已推广售完的时间为最佳期限。

为了总结方案实施的经验教训，以便为今后的营业推广决策提供依据，还需对营业推广效果进行评估。常用的评价法有：

（1）将推广前、中、后的营业情况进行比较。

（2）对那些在推广时购买这个商品，而事后又转向购买其他品牌的顾客进行调查分析。

（3）了解有多少顾客还记得这次营业推广活动，他们的看法如何，多少人从中得到了好处，以及本次推广对于他们以后选择品牌起了什么作用。

（4）通过仔细安排好的实验来研究。这种实验可随着优待属性（如诱因价值、优待期间、优待分配媒体等）的不同而有所差异。优待属性的改变与地理区域的变换相搭配，可以了解不同地理区域的营业推广效果。同时，运用实验法还需作一些顾客追踪调查，以了解为什么不同的优待属性会有不同的反应水平。

第三节

营销公关的主要决策

虽然在推广产品和服务时，似乎很少运用到公关，但它是一种相当有效的工具，用科特勒的话说，公关可以用远远低于广告的代价而对公众心理产生较强的影响，公共关系是指企业的一个机构运用有效的传播手段，使机构与消费者之间、与其他企业的机构部门之间建立起了解和信任的关系，并通过这种关系树立企业的良好形象，促进企业产品的销售。

公共关系活动的程序

公关的第一个任务就是避免企业负面新闻的出现，但这个任务不是一朝一夕能够完成的。它需要通过一定的程序给予保证，企业开展公关活动。一般应按照以下几个程序进行：

1. 开展公众调查

搜集、了解目标市场公众对本企业的意见和态度，分析企业及其产品在公众中的形象和知名度，总结经验教训、发现问题。美国、日本、西欧国家等都有专门的公共关系咨询公司和市场调研机构，帮助企业在国际市场上调查了解有关方面的问题。企业开展国际市场公共关系活动，可以首先与这些机构取得联系。

2．确定公关目标，制订公关计划

科特勒认为，营销公共关系目标一般有：

（1）建立知名度。营销公关部应在各类媒体上刊登文章、新闻报道、报告文学等，宣传介绍企业产品、服务、人员及新观念等。

（2）增加可信度。参加行业权威部门和政府有关部门举办的商品质量、性能等方面的评比或评审活动，请行业专家撰文介绍和推荐企业产品，特别是在权威报纸、杂志、电视台刊登或播放名人或权威人士的文章或讲话。

（3）激励企业推销员和中间商。推销员和中间商最感头痛的事是推销新产品尤其是创新产品。这时，营销公关部应充分发挥各种公关工具的作用，从科学和实用角度向大众解释和宣传新产品的功能和优势，甚至开设短期培训班，教育和引导消费者正确使用企业产品。

（4）降低促销成本。营销公关刊登的文章和播放的电视节目是不付费的，如果所宣传的内容有感染力，还会引起其他媒体的兴趣和转载或转播，其效果甚至远远大于付费广告，而营销公关的成本仅是有关人员的工资和费用。所以，综合使用各种不同促销手段，既可收到事半功倍的效果，又可降低企业整体促销费用支出。

3．信息沟通与计划实施

按公共关系计划，企业通过多种形式、途径和渠道实施，并把企业的所作所为告诉给社会公众，沟通企业与社会公众之间的关系。这样既可以扩大企业的国际影响和社会声誉，又便于听取社会公众的意见，接受社会公众对企业的监督。

4．评估公关效果

营销公关的使用效果很难衡量，因为营销公关通常与其他4种促销手段一并使用。科特勒在《营销管理》一书中提到了3种衡量方法。

（1）展露次数。即统计公关部门在一定时间内在各类媒体上刊登各种信息的次数。科特勒认为这是衡量营销公关效益最简易的方法，但他同时提醒企业注意这种方法的不足之处。一是无法统计实际看到、听到、读到企业公关信息的人数，更无法了解这些人的看法。二是无法统计各类媒体之间的受众重复率。

（2）知晓、理解和态度的转变。涉及的内容包括：多少受众能够回忆起曾听到、看到或读到过关于本企业的新闻？其中多少人将信息传递给其他人？受众在接受信息后思想和看法有什么变化？例如，在对木耳进行公关宣传后，有关人员调查发现，同意"木耳有助于治疗心血管疾病"这一观点的消费者人数由原来的 15% 上升至 55%，这表明公关宣传效果明显。

（3）对销售和利润进行分析。即统计一次较大规模公关系列活动前后的企业产品销售额和利润额的变化情况。应注意的是其他促销手段的作用应予以扣除。知道了公关对利润的净贡献额，再除以企业对公关活动的投入，就是公关的投资报酬率。

使用正确的公关工具

公关部门要完成它的任务，就必须使用公共关系工具。科特勒认为，主要的公关工具有 3 种：新闻、特殊事件和公司网络，其中最主要的一个是新闻。

公关人员找出或创作一些对公司或其产品有利的新闻。有时新闻故事自然而然地就形成了，有时公关人员提出一些事件行动来制造新闻。或者企业设计一些独特活动，推出新颖的产品和服务，可以吸引新闻媒体的目光。同样，企业故意设置一些争议，也能"制造新闻"。在市场上，我们常常看到许多有趣的现象：比如文学作品，如果越是能引起争议，它的商业价值就越大，它的销路就越广。像争议最激烈的周励的《曼哈顿的中国女人》，它的销量创同类作品纪录。这种由于争议或议论而引起的畅销，应归功于人们的好奇心理。一般来讲，越是能引起人们注意的争议或议论，越能激发人们的好奇心，越能吸引人们有意识的注意，越易驱使人们去主动认识、理解和记忆。我们在竞争激烈的商战中完全可以利用这一心理来"制造"议论，在议论中扩大商品知名度，促进商品销售。

特殊事件和公司网站也可以成为很好的公共关系工具。科特勒认为特殊事件都是公关部门为接触目标大众和激发他们的兴趣而设计的，这些特殊事件包括新闻发布会、大型的开幕式、焰火展示、激光节目、热气球升空、多媒体展示以及各种展览会等，而顾客和其他公众也可以通过访问网站得到信息和娱乐。

另外，对活动商机的把握不仅有利于新品牌或无名品牌迅速提升知名度，对于那些已经知名的品牌或者市场公认的强势品牌来说，其作用也同样不可忽视。就海尔而言，在经过多年的努力之后，它已经成为国内家电市场上无可争议的第一品牌。但这个企业在近几年的广告宣传中，还是敏锐地抓住了国人最为关注的几件大事：2000 年两会、2001 年北京申奥、2002 年韩日世界杯足球赛、2003 年"非典"公益广告、2004 年雅典奥运会，使海尔成了把央视影响力"变现"的高手。

除此之外，科特勒认为，公关人员还应该准备书面材料，接近并影响他们的目标市场，这些书面材料包括与公司有关的刊物、小册子、画片、传单、年报等等。这些宣传材料印刷精美、图文并茂，在适当的时机向有关的公众团体、政府机构和消费者散发，可吸引他们认识和了解公司，扩大公司的影响。公司一般都十分重视宣传材料的策划和研究。日本本田汽车公司在美国四处散发一本《本田与美国社会》的小册子，列举许多事实，阐明本田对美国经济的贡献，其目的是要减轻美国人对日本经济侵入的担心和抵触情绪。

许多著名企业都利用各种公关活动展示企业形象，在为公众带来利益时也为企业带来效益。例如，享誉世界的"金利来"于 1977 年捐赠了 5 万元人民币，作为梅县足球队经费，资助梅县地区举办了高水平的"宪梓杯"足球赛；独资赞助了"金利来"全国优秀队足球邀请赛、"银利来"中国足球杯赛、"金利来"杯全国足球联赛……20世纪80年代初，老总曾宪梓联合部分华裔共捐款430万港币，兴建了梅县、兴宁县、五华县体育场的足球看台。根据他的提议，梅县的足球国脚们的姓名赫然镌刻在看台醒目之处，以激励青少年为中国足球冲出亚洲、走向世界而刻苦训练、勇敢拼搏。第11届亚运会在北京举行，曾宪梓又慷慨解囊，捐赠100万港币，支持祖国的体育事业。

就像"金利来"一样，企业也可以通过向公益活动捐钱这种形式提高自己在公众中的声誉，以达到产品促销的目的。最后，科特勒提醒到，正如其他推广手段，在考虑何时以及如何使用公关促销的时候，公关部门应制定公关目标、选择公共关系信息和工具、实施公关计划并评价结果，公关应与其他促销活动融为一体。

轻松小看板

作为促销功能的公共关系主要是利用各种媒介发布重大商业新闻或是对产品和企业进行选场，而企业却不必为此承担费用，这就是人们常说的"软文"。

"公关软文"已经是一个被经常挂在嘴边的字眼。公关软文，或者纯粹的软文，配合广告沟通所要传达的主题，但将强迫性隐藏到最好，通过新闻、知识、趣味、口碑，认可或推荐的方式将产品知识和消费观念带给消费者，运用得好往往会起到意想不到的效果。

第四节

销售人员是连接企业和顾客的纽带

人员销售是促销组合中一种人与人之间直接接触进行推销的方式，推销人员的任务就是充分运用各种推销策略，想方设法推销现有的产品，寻找顾客，取得订单和达成交易。好的销售人员能够帮助企业开拓市场，培养顾客忠诚，因此，科特勒提醒企业应该培训大量的销售人员并通过各种方式激励他们。

销售人员的组织设置

人员推销采取何种组织结构，以便使它产生最高的工作效率，是一个重要问题。在实践中，推销人员的组织结构可依企业的销售区域、产品、顾客类型以及这3个因素的结合来设置。

1. 区域式结构

区域式组织结构是指企业将目标市场划分为若干个销售区域，每个销售人员负责一个区域的全部销售业务。这是一种最简单的组织结构形式。实行区域式组织结构，需要确定销售区域的大小和形状。

（1）销售区域大小的确定。销售区域可根据销售潜量相等的原则，也可以根据销售工作相等的原则来划分。

（2）销售区域形状的确定。销售区域形状的确定应综合考虑区域的自然形状、区域内顾客的分布状况、推销成本、便利程度等因素，以减轻销售人员的工作负荷量，降低成本，取得最好的推销效益。销售区域的形状主要有圆形、十字花形和扇形。

2．产品式结构

产品式组织结构是指企业将产品分成若干类，每一个销售人员或每几个销售人员为一组，负责销售其中的一种或几种产品的推销组织结构形式。这种组织形式适用于产品类型较多且技术性较强、产品间无关联的情况下的产品推销。

3．顾客式结构

顾客式组织结构是指企业将其目标市场按顾客的属性进行分类，不同的推销人员负责向不同类型的顾客进行推销活动的组织结构形式。顾客的分类可依其产业类别、顾客规模、分销途径等来进行。很多国外企业都按用户类型或用户规模来安排推销组织结构，使用不同的推销人员。这种形式的好处是推销人员易于深入了解所接触的顾客的需求状况及所需解决的问题，以利于在推销活动中有的放矢，提高成功率。顾客式组织结构通常用于同类顾客比较集中时的产品推销。

4．复合式结构

复合式组织结构是指当企业的产品类别多、顾客的类别多而且分散时，综合考虑区域、产品和顾客因素，按区域—产品、区域—顾客、产品—顾客或者区域—产品—顾客来分派销售人员的形式。在这种情况下，一个销售人员可能要同时对数个产品经理或几个部门负责。

对销售人员的培训和评估

由于顾客希望销售人员有较深的产品知识，希望销售人员提供的建议是有效和可信赖的。科特勒建议公司要在人员培训上进行更多的投资，并花大力气对销售人员的工作进行监督和评估。

1. 培训销售人员

推销人员素质的高低对实现企业目标、开拓市场、扩大销售的影响举足轻重。研究表明，普通推销员和优秀推销员的业务水准和销售实绩都相差甚远。因此，企业不能不十分重视推销员的招聘与训练。

理想的推销员应具备什么特质？一般认为他们应该富有自信、精力充沛、工作热情、性格外向、能说会道，但实际上，也有很多成功的推销员性格内向、温文尔雅、不善言辞，故关于特质问题的研究还在继续进行之中，不过，企业在招聘推销员之前总要根据工作职责的要求制定若干标准，如学历、智商、口才、仪表、年龄等。

应聘的推销员仅有较好的个人素质还不够，今日的企业在推销员上岗前大多还要对他们进行系统的知识和技能培训。培训内容主要有：

（1）关于公司的情况，如公司的历史、目标、职能机构、财务状况、主要产品和设施等。

（2）关于产品的情况，如产品的性能、结构、质量、制作过程、用途和使用方法等。

（3）关于市场的情况，包括目标顾客的类型、需求特点、购买动机与购买行为等。

（4）竞争对手的情况，如竞争者的产品、实力、营销策略等。

（5）推销技巧，包括了解推销员的工作任务，推销工作程序，如何制订推销计划和分配时间，如何选择访问对象，如何介绍产品、说服顾客，揣摩顾客心理和讲究语言艺术等。

（6）必要的法律知识和商务知识。

2. 对销售员工作的督促与评估

对推销员的管理不仅是招聘、培训、分给一个销售区域就完了，还有日常工作中的监督、激励和业绩评估。

（1）企业可从以下方面督促推销员的工作。

①规定对客户访问次数的标准。一般说，销售量的增长与访问客户的次数成正比，企业可根据购买潜力给客户分类，然后规定一定时期内对各类客户的访问次数。

②规定访问新客户的定额。企业只有不断发展新客户才能有效地增加销售，若听其自然，推销员可能会把大部分时间用于访问老客户，因此有必要规定发展新客户的任务。

③制定访问客户和组织专门活动的时间表，督促推销人员提高时间利用率。

推销员自身的积极性对其工作成效有极大的影响，适当的激励将使他们更努力地工作。企业有必要规定奖励的方式和标准，使推销人员认识到，通过更加努力地工作，他们将获得额外的奖励，包括加薪、提升、受到表扬、享受休假、公费外出旅行等。

（2）对推销人员的评估。

对推销人员的报酬要建立在对其工作实绩做出正确评估的基础上，为此，需建立有效的评价标准。常见的评价标准有：完成的销售额、毛利，销售访问次数和访问成功率，每次访问成本，平均客户数，新客户数，丧失客户数，销售总费用与费用率等。不过，由于各销售区域的销售潜力及单个客户购买规模、分布状况不同，很难用同一数量标准衡量不同推销员的工作，因此，通常配合使用以下方法：

①横向比较，即将不同推销员在同一时期完成的销售额等进行比较，但只有在他们各自负责区域的市场潜量、工作量、竞争情况、公司促销努力程度均差别不大的情况下，这种比较才有意义。

②纵向比较，是将同一推销员现在与过去达到的销售额等指标进行比较。这种比较能反映出该推销员工作的改进程度。

③对推销员的工作态度、品行、素质等进行评价，包括他对本公司、产品、顾客、竞争对手、所负责区域与工作职责的了解程度，言谈举止是否合乎要求等。

第五节

促销组合决策

促销组合又称为市场营销沟通组合，是指综合运用广告、营业推广、公共关系和人员销售等促销方法，以发挥其整体的促销作用，促销组合的应用受多种因素的影响。科特勒认为："如果企业能掌握某些顾客的购买驱动因素，就易于选择适当的促销工具组合，获得事半功倍的效果。"

促销组合影响因素

促销组合是指企业在市场营销过程中有目的、有计划地把人员推销、广告、营业推广和公共关系等促销形式结合起来，综合运用，形成一个完整的优化促销策略。如下图所示：

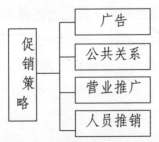

要正确地进行促销组合，必须首先了解各种方式的优缺点。只有这样，方能扬长避短，根据产品的特点和经营目标，结合各促销方式的优点，适当地选择、编配和运用。

促销方式优缺点表

促销方式	优点	缺点
人员推销	信息沟通直接、反馈及时、可当面促成交易	占用人员多、费用高
广告	传播面广、声情并茂、形象生动、节省人力	支付费用高，须通过一定的媒体，难以立即成交
营业推广	容易激发购买欲望，促成消费者当即采取购买行动	有时必须以降低商品身价为代价
公共关系	可信度高，社会效应好	见效慢

了解了促销组合的概念和优缺点后，营销人员还需要考虑的是影响促销组合决策的因素，一般主要有以下几种因素。

1. 促销目标

企业在不同时期及不同的市场环境下都有其特定的促销目标，致使促销组合也就有差异。在一定时期内，有的企业的营销目标是在某一市场迅速增加销售量，扩大企业的市场份额，而另一些企业的总体营销目标是在该市场上树立企业形象，为其产品今后占领市场赢得有利的地位打下基础。显然，前者的促销目标强调的是近期效益，属短期目标，由此促销组合的选择、配制将更多地使用广告和营业推广，而后者属长期目标，需制订一个较长远的促销方案方能实现。因此，宣传报道、建立广泛的公众关系及与之适应的公共关系则显得非常重要。

2. 产品类别

由于产品的各方面有差别，使得消费者的购买行为也会有所不同。因而，企业所采取的促销组合也会有所差异。一般来说，消费品更多地使用广告宣传作为主要促销手段；而生产资料则更多地采用人员推销。

至于营业推广和公共关系，无论对消费品还是生产资料市场都处于较次要的地位。

3. 产品的生命周期

不同的促销工具，在产品生命周期的不同阶段会有不同的促销效果，促销工具也应该随着产品生命周期的变化而变化。

在投入期，产品初面市，鲜为人知，企业应加强广告宣传，提高潜在消费者对产品的知晓程度。同时，配合营业推广、人员推销等方法刺激购买。

在成长期，产品畅销，但同类产品竞争者出现，广告依然是主要促销形式，但内容转变到优势宣传上，此时，应辅助于人员推销，有条件的企业可配合营业推广和公共关系，以使老主顾形成对产品和企业的偏爱，以使新顾客涌现。

在成熟期，需求饱和，销售量开始下降，竞争日益激烈。一般仍以广告为主，配合适当的营业推广，还应注意利用公共关系突出企业声誉，扩大企业形象，显示产品的魅力，以稳定和扩大市场。

产品进入衰退期，企业应以营业推广为主，辅之以提醒式广告，此阶段的促销费用不宜过多，以免得不偿失。

4. 促销预算费用

企业在选择促销组合时。首先应考虑两个主要问题：一是促销预算费用多少；二是预算费用在众多促销手段中如何分配。也就是说，综合和分析比较各种促销媒体的费用与效益，以尽可能低的促销费用取得尽可能高的促销效益。促销媒体不同，费用差异很大。在预算费用小的情况下，企业往往很难制定出满意的促销组合策略。然而，最佳促销组合并不一定费用最高。企业应全面衡量、综合比较，使促销费用发挥出最大效用。

5. 市场状态

由于目标市场的性质、规模和类型不同，企业采用的促销组合也应不同。对于规模小而相对集中的市场，应突出人员推销策略；范围广而分散的市场，则应多采用广告；对文化水平高，经济状况宽裕的消费者，应多采用广告和公共关系；反之，则应多用营业推广和人员推销。消费品市场主要用广告宣传，而工业品市场应以人员推销为主。另外，市场供求的变化，也会影响到促销组合。

促销组合预算方法

科特勒就企业如何决定促销组合预算的问题介绍了 4 种制定预算的常用方法：

1. 财力承受法

尽管这种方法在市场营销学上没有正式定义，但不少企业确实一直在采用。即企业确定促销组合预算的依据是他们所能拿得出的资金数额。也就是说，在其他市场营销活动都优先分配给经费之后，尚有剩余者再供促销组合之用。企业根据其财力情况来决定促销组合开支多少并没有错，但科特勒又提醒企业，这种预算方法忽略了促销组合为销售带来的效益，其结果可能会导致年度促销预算不稳定，也不利于制定长期的市场企划。

2. 销售百分比法

即企业按照销售额（销售实绩或预计销售额）或单位产品售价的一定百分比来计算和决定促销组合开支。这就是说，企业按照每完成 100 元销售额（或每卖 1 单位产品）需要多少促销组合费来计算和决定促销组合预算。例如，某企业在 1998 年 12 月 1 日将 11 月的销售收入与 12 月预计的收入相加，以总额的 2% 作为 1999 年的促销组合预算。在美国，汽车公司一般是以每辆汽车预估价格的某一固定比率来作为确定促销组合预算的基础，而石油公司则一般是以每加仑汽油价格的某一固定比率来作为确定促销组合预算的基础。

3. 竞争对等法

指企业比照竞争者的促销组合开支来决定本企业促销组合开支多少，以保持竞争上的优势。在市场营销管理实践中，不少企业都喜欢根据竞争者的促销组合预算来确定自己的促销组合预算，造成与竞争者旗鼓相当、势均力敌的对等局势。如果竞争者的促销组合预算确定为100万元，那么本企业为了与它拉平，也将促销组合预算确定为100万元甚至更高。美国奈尔逊调查公司的派克汉通过对40多年的统计资料进行分析，得出结论：要确保新上市产品的销售额达到同行业平均水平，其促销组合预算必须相当于同行业平均水平的1.5～2倍。这一法则通常称为派克汉法则。

4. 目标任务法

目标任务法与前面介绍的几种方法不同，它的步骤是：

（1）明确地确定广告目标。

（2）决定为达到这种目标而必须执行的工作任务。

（3）估算执行这种工作任务所需的各种费用，这些费用的总和就是计划促销组合预算。

轻松小看板

美国卡罗莱纳大学整合营销传播学项目主任托姆·邓肯教授认为，整合是整合营销传播学的基本概念，而整合便是协调，协调便是整合。根据邓肯教授的分析："整合营销传播学的基本概念是协调，即整体大于局部之和，协调各种传播活动的全面影响大于各自单独活动或时而彼此冲突的活动所产生的影响。"

整合营销沟通模式

企业的营销人员必须了解沟通是如何进行的。科特勒在其《市场营销》著作中提出了沟通的模式，如下页图所示。该模式由9个主要的沟通要素组成。这些要素及其定义如下：发送者（又叫信息源），是指将信息发给另一方者。编码，是指发送者将思想意图变换成信息的过程。信息，是指发送者传送的整套信号。媒体，是指信息从发送者到接收者所经过的沟通渠道。解码，是指接收者确定发送人所传出的信号意思的过程。接收者，也称为接受人、受众或目标受众，是指接收所发出的信息的一方。反应，是指接收者在

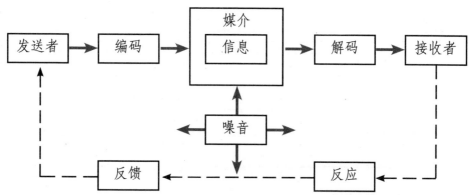

受信息影响后所采取的有关行动。反馈，是指接收者返传给发送者的那部分反应。噪音，是指在沟通过程中发生的意外干扰与失真。

信息沟通过程模式

　　在 9 个因素中，发送者和接收者是主要因素，前者是传递信息的主体，后者是信息沟通的对象。媒介是传递信息的手段。在信息沟通过程中需要进行一系列决策：确定信息沟通对象；期望接收者如何理解接收到的信息；确定信息沟通所期望发生的反应；确定信息形式及编码；选择适当的媒介；确定如何搞好反馈工作。这些决策都会对信息沟通效果产生直接影响。

　　在信息沟通过程中最常见的错误是，编码者总认为接收者是在与自己完全相同的情况下进行解码活动，会按自己的设想来理解所接收到的信息。

　　噪音是由于两个方面的原因引起的：一是接收者接收到与发送者发出的信息相异的信息，它会极大地削弱信息的沟通效果；二是由于选择性注意、选择性曲解和选择性记忆 3 种机制的作用，影响了发送者发出信息的作用和效果。发送者对噪音应该予以高度重视。

　　该沟通过程模式强调了有效沟通过程中的关键性因素，从而揭示了有效的沟通过程决策。有效的沟通过程要求发送者必须知道要把信息传播给什么样的沟通对象，期待目标沟通对象做出何种反应；他们必须是编译信息的能手，要考虑目标沟通对象倾向于如何解译信息；必须通过能触及目标沟通对象的有效媒体传播信息；必须建立信息反馈渠道，以便能够了解沟通对象对信息做出的反应。